책 읽고 매출의 신이 되다

고명환
지음

Just Keep Reading

고명환의 장사 내공

책 읽고 매출의 신이 되다

라곰

개정판을 펴내며

내 언어의 한계가 내 세계의 한계다

사람이 시키는 대로 장사를 했다가 네 번 폭삭 망했다. 그 후 독서를 했고 책이 시키는대로 장사를 했더니 오픈 첫날부터 대박이 나서 지금까지 10년 동안 연 매출 10억 이상을 꾸준하게 기록하고 있다. 이 책은 그 과정에 대한 이야기다.

《책 읽고 매출의 신이 되다》가 출간된 후 두 권의 책을 더 썼고, 이 책은 절판됐다. 그런데 독자들이 이 책을 다시 찾기 시작했다. 중고서점에서 두 배 넘는 값을 주고 겨우 구했다는 사람들도 있었고, 심지어 10배 이상의 가격을 붙여 올려놓은 사람들도 있었다. 특히 강연장에서 만난 많은 사람들이 이 책을 다시 출간해달라고 부탁했다.

이 책을 처음 출간했을 때가 '메밀꽃이 피었습니다'가 4년째 연 매출 10억을 달성했을 때였다. 그 후로 6년이 더 지난 지금까지 꾸준히 연 매출 10억 이상을 올리고 있다. 특히 코로나 기간 중에 매출이 오히려 증가하는 기록까지 세웠다. 책을 읽고 역량을 쌓아 책이 시키는 대로 장사를 하면 팬데믹도 이길 수 있다는 증거를 보여준 셈이다. 코로나가 끝나가지만 팬데믹은 또 온다. 시작할 때 제대로 준비해야 팬데믹을 이길 수 있다. 이 책에 나오는 내용들이 최소한의 기본적인 것이다. 이것만은 꼭 알고 자영업을 시작해야 한다.

우리나라에서 3년 내 절반이, 5년 내 80퍼센트 이상의 소상공인들이 폐업을 한다고 한다. 이 책은 그런 자영업 시장에서 10년 동안 연 매출 10억 이상을 꾸준히 유지할 수 있는 노하우가 담긴 책이다. 모르고 시작하면 겪을 수밖에 없는 고통을 이 책이 덜어줄 수 있을 거라는 생각에 재출간을 결심했다.

지금 최악의 불경기다. 하지만 멈춰 있을 수는 없다. 폭풍우가 몰아쳐도 우린 한 걸음 더 앞으로 내딛어야 한다. 눈보라가 눈앞을 가려 앞이 보이지 않을 때 이 책이 길잡이가 돼줄 것이다. 이럴 때일수록 준비를 철저하게 해야 한다. 이 책과 이 책이 소개하는 책들 속에서 자영업

자가 꼭 알아야 할 언어를 익힐 수 있다.

비트겐슈타인이 말했다.

"내 언어의 한계가 내 세계의 한계다."

추가로 부록을 붙였다. '창업하기 전 반드시 던져야 할 질문 7'이다.

2023년 12월

고명환

들어가며

책이 시키는 대로 했더니

막대기 하나로 피라미드의 높이를 재서 세상을 깜짝 놀라게 한 그리스의 철학자 탈레스. 어느 날 그가 세상의 진리에 대해 말하자 사람들이 따졌다.

"아, 됐고. 그래서 철학이 밥 먹여준답니까?"

"내가 한번 보여드리리다."

탈레스는 올리브 착유기를 모조리 사들인다. 한겨울이라 아주 싼 값에 사들일 수 있었다. 사람들은 올리브 수확기도 아닌데 착유기를 산다며 비웃었지만 이듬해 올리브가 풍작이라 착유기 빌리는 값이 크게 오르자 탈레스는 임대를 해서 큰돈을 벌었다.

철학자들은 진리에 관심이 있기 때문에 돈 버는 데 무심할 뿐이지 작정하면 얼마든지 벌 수 있다는 걸 보여준 것이다. 철학자이자 천문학자였던 탈레스는 관찰을 통해 올리브 생산량에 주기가 있다는 걸 알았고, 그 주기와 날씨 조건이 맞아떨어져 이듬해에는 큰 풍년이 들 것으로 내다봤다. 이것이 바로 지혜와 식견이다. 그렇다면 그 지혜와 식견은 어디에서 오는 걸까? 바로 독서와 사색이다.

책 속에 길이 있고 책 속에 답이 있다. 그래서 나도 책에서 답을 찾기로 했다. 책 읽으면 좋다니까 그냥 슬슬 읽어가는 수준이 아니다. 메모를 해가면서 정독하고, 책 내용을 내 삶에 적용해보고, 책에서 아이디어를 찾고, 그 아이디어를 실행했다. 말 그대로 책이 시키는 대로 해봤다.

그랬더니 놀라운 일이 벌어졌다! 한마디로, 내 삶의 주인이 되었다. '남이 하고 싶어 하는 일을 하면 노예, 내가 하고 싶은 일을 하면 주인'이라는 말이 있듯이, 나는 지금 내가 하고 싶은 일만 하면서 주인으로 살고 있다. 뮤지컬을 만들고, 공연을 기획하고, 식당을 운영하고, 프랜차이즈 사업을 하고, 강의를 하고, 책을 쓴다. 어느 것 하나 남이 시켜서 하는 게 아니다. 내 열정이 이끌어서, 신이 나서 한다. 워런 버핏도 일이 너무나 좋아 매일 춤을 추며 출근한다고 하지 않던가. 가끔 생각할 시간이 필요하다 싶을 때는 조용히 낚시도 가고 산에도 오르고 멀찌감치 해외로도 떠난다. 나는 자유를 얻었다.

누구나 자유로운 삶을 꿈꾼다. 하지만 그렇게 살지 못하는 것은 순전히 돈 때문이다. 돈을 벌기 위해 뛰어다니느라 시간도 내 것이 아니고 마음조차 내 것이 아니다.

오늘은 월요일인데 나는 커피숍에 앉아 글을 쓰고 있다. 지금 이 시간에도 전화로 여러 일거리가 들어오지만 내키지 않는 일은 정중히 사양한다. 비교적 자유로운 직업이라는 연예인이어서가 아니다. 돈에서 자유로워진 결과다.

내가 하는 메밀국숫집의 연 매출이 10억 원이다. 이렇게 글을 쓰는 동안에도 내 식당은 돌아가고, 내가 만든 뮤지컬 작품이 공연되고 있다. 그리고 이 책이 출간되면 인세가 들어올 것이고, 이 책 덕에 강의 요청도 더 많아질 것이다. 그러면 나는 또 책을 쓸 것이고, 또 다른 공연을 만들 것이고, 또 다른 식당을 차릴 것이다.

도대체 나에게 무슨 일이 있었던 것일까? 아니, 내가 무엇을 했기에 삶이 이렇게 확 바뀐 것일까?

아무리 생각해봐도 나는 책을 읽은 것밖에 없다. 무언가 결정을 하기 전에 그 분야의 책을 읽고 책에서 답을 얻으려 애쓴 것밖에 없다. 그런데 인생이 완전히 바뀌었다. 책에게 고맙지 않을 수 없다. 고마우니 저절로 더 찾게 된다.

지금까지 1000권이 넘는 책을 읽었다. 원래부터 책벌레였던 건 아니고 본격적으로 읽은 지가 7년쯤 되니까 1년에 약 143권, 일주일에 2권 이상씩 읽은 셈이다. 지금 내 책장에는 1700여 권이 꽂혀 있다. 다시 말해 읽을 수 있는 책이 아직 700권이나 내 책장에 있다는 얘기다. 행복하다.

책을 읽을 때 나는 가장 즐겁다. 누군가는 서서 하는 일 가운데 제일 재미있는 게 골프고, 앉아서 하는 일 가운데 제일 재미있는 게 노름이라지만 내게는 앉으나 서나 제일 재미있는 게 책 읽기다.

또 책을 읽다 보면 온갖 고민거리가 해결된다. 머리 싸매고 끙끙 앓을 필요가 없다. 책을 펼치기만 하면 된다. 그러면 답이 찾아진다. 한번 해보라. 책이 당신에게 속삭이는 순간이 온다. 만약 책의 목소리가 들리지 않는다면 더 읽으면 된다. 쉽지 않은가!

이 책은 책을 읽고 아이디어를 찾아 결과물을 만들어낸 한 개그맨의 기록이다. 책 속에서 어떻게 아이디어를 찾고, 그걸 또 어떻게 돈으로 바꾸는지 그 방법이 들어 있다. 내가 경험한 구체적인 사례들을 빠짐없이 실었다. 사업에 바로 적용할 수 있는 마케팅 아이디어도 많다. 사실 책을 읽어야 한다는 걸 몰라서 안 읽는 사람은 없다. 그래서 어떻게든 책 읽는 환경을 만들 수 있도록 내가 터득한 책 읽기 노하우도 소개했다. 한마디로, 책 읽고 돈 버는 이야기다.

난 책을 읽고 그 내용대로 창업해서 4년 연속 6개월에 6억 원의 매출을 올렸다. 한 권 읽을 때마다 재산이 쑥쑥 늘어났고 지금도 그렇다. 사람들이 왜 이걸 안 하는지 모르겠다. 장담하건대 창업을 하든 취업을 하든, 책을 읽는 사람은 절대 망하지 않는다.

이 책은 행복해지는 방법에 대한 이야기이기도 하다. 돈만 좇는 사람은 절대 돈을 잡을 수 없다. 그러나 책을 좇는 사람은 돈뿐만 아니라 진정한 행복까지 잡을 수 있다.

지금 당신의 모습이 마음에 들지 않는가? 지금 당신이 몸담고 있는 곳이 답답한가? 한계에 부딪혀 나아가지 못하고 있는가? 그렇다면 책을 읽어보라. 책이 시키는 대로 따라가 보라. 책은 지금까지 한번도 상상하지 못한 곳으로 당신을 인도할 것이다.

자, 그럼 지금 손에 들고 있는 이 책부터 읽어보자.

2017년 10월

고명환

· 차례 ·

2장 장사의 시작, 메밀꽃이 피었습니다

3장 장사 아이디어

4장 매출을 만드는 독서법

5장 상황별 책 처방전

1장

내 인생의 전환점

뭘 열심히 해야 하나요?

부모님은 말한다. 선생님도 말한다. 선배들도 말한다.

"열심히 해라."

듣는 우리는 답답하다. 뭘 어떻게 열심히 하라는 걸까? 단지 공부를 열심히 하라는 것인가? 학생이라면 학교 공부를 열심히 하면 된다고 치자. 학교를 졸업한 사람들은? 또 직장인들은? 그저 시키는 일만 열심히 하면 되는 것인가?

MBC 코미디언실에서 최고 선배가 됐을 때, 나도 후배들을 보면 열심히 하라고 말하곤 했다. 그런데 어느 날 후배 한 명이 내게 물었다. 거짓말 하나도 안 보태고 진짜 궁금하다는 표정이 얼굴에 가득했다.

"선배님, 정말 열심히 하고 싶은데 뭘 열심히 해야 합니까?"

"어?"

망치로 뒤통수를 얻어맞은 기분이었다.

"그러니까…… 그게 말이지, 우린 개그맨이니까 아이디어를 열심히 짜고 지각하지 말고……."

내가 늘 들어오던 얘기를 그냥 별생각 없이 나도 하고 있었던 거다. 그 얘길 들을 때마다 '그래, 열심히 해야지!'라고 의욕이 솟구치기는 커녕 여전히 막막해서 한숨만 나오던 기억을 까마득히 잊고 말이다.

지금 같으면 가장 먼저 책을 열심히 읽으라고 대답해주었을 것이다. 개그맨은 아이디어가 생명인데, 아이디어라는 게 멍하게 앉아 생각만 한다고 떠오르는 것은 아니기 때문이다. 그건 맹물만 끓이면서 맛있는 요리가 되기를 바라는 것과 마찬가지다. 무언가 재료가 있어야 할 게 아닌가.

개그맨은 책을 많이 읽어야 한다. 책만큼 좋은 재료가 없기 때문이다. 나 역시 아이디어를 짜내기 위해 수많은 방법을 써봤지만 책만큼 좋은 재료가 없었다.

또 삶의 목적을 열심히 생각해보라고 말해주었을 것이다. 돌이켜보면 나는 그냥 열심히만 살았다. 어떻게 살아야 하는지도 모르면서 그저 일찍 출근하고 늦게 퇴근하며 일에 파묻혀 살았다. 그런데 어느 날 MBC에 코미디 프로그램이 없어졌다. 이럴 수가! 다시 생긴다고는 하는데 언제가 될지 아무도 모르는 상황이었다.

당장 먹고살 돈이 필요했다. 방송국 밖에서 일자리를 찾아야 했다. 그래서 온라인 경매 사이트 옥션의 공채에 지원했고, 합격해서 옥션 직원이 됐다. 나는 MBC 개그맨과 옥션 마케팅팀 대리라는 두 가지 명함을 가지게 됐다. 나 때문에 '투잡족'이라는 말이 유행하기도 했다(두 군데 직장을 동시에 다니는 건 드문 일이라 내 이야기는 당시 언론에 자주 소개됐다).

투잡족으로 정말 열심히 살았다. 아침에는 옥션에 출근하고 저녁에는 방송국에 가서 아이디어 회의를 했다. 잠자는 시간이라곤 하루에 많아야 네 시간, 대개는 두세 시간만 자고 일했다. 밤을 새우기도 부지기수였다. 그렇게 6개월쯤 지난 후, 코미디 프로그램이 부활했다. 옥션 사장님이 붙잡았지만 난 전업 개그맨으로 돌아왔다. 그리고 문천식과 함께 '와룡봉추'라는 코너를 사람들에게 알릴 수 있게 됐다.

와룡봉추가 큰 인기를 끌면서 첫해에 연수입이 억대로 뛰었다. 하룻밤에 밤무대를 네 군데씩 돌았다. 방송에 행사에 밤무대에, 누구보다 열심히 살았다. 일만 할 수는 없으니까 밤무대가 끝난 새벽엔 동료들과 술 마시고 놀면서 스트레스를 풀었다.

그렇게 열심히 살면서 돈도 많이 벌었는데 연말에 통장을 보면 남아 있는 돈이 별로 없었다. 돈을 모을 줄도, 제대로 쓸 줄도 몰랐다. 그때 재테크 책을 한 권만 읽었더라도 그 돈을 다 모았을 텐데, 깨달음은 항상 뒤늦게 온다.

기계처럼 일하며 쳇바퀴 돌듯 사는 동안 열정은 점점 사라졌다. 열심히 살지 않았다는 뜻이 아니다. 그저 시간을 흘려보내는 삶을 살았다는 의미다. 목적지가 어디인지도 모르는 채 같은 곳만 계속 맴돌았다. 그저 성실하게 방송하고 바쁘게 밤무대 뛰고 땀 흘리며 살다 보면 언젠가는 행복해질 거라는 막연한 생각만 있었다. 하지만 '언젠가'는 오지 않았고, 나는 돈을 많이 벌면서도 별로 행복하지 않았다.

내 자아는 거기까지였다. 나 자신의 한계에 부딪힌 것이다. 그때 만약 책을 읽었더라면 일찌감치 그 한계를 뛰어넘어 나의 세계를 넓힐 수 있었을 것이다.

개그맨으로 어느 정도 이름도 알려지고 수입도 좋고 연애도 하고 있고…… 나무랄 데 없는 인생이라고도 할 수 있었다. 그런데 사는 게 그리 재미있지가 않았다. 가끔은 이게 뭔가 싶기도 했다. 인생의 어느 단계까지는 올라왔는데 그다음부터 어떻게 살아야 하는지 알 수가 없었다. 알려주는 사람도 없었다.

사실 남이 알려줄 수 있는 것도 아니었다. 내가 잘살기를 누구보다 바라는 부모님이라 해도, 나를 너무나 사랑하는 애인이라 해도, 나를 아끼고 걱정하는 친구라 해도 내 인생의 답을 줄 수 없다. 사람들에게 물어볼수록 도리어 혼란만 올 뿐이다.

누구도 내 문제를 나만큼 잘 알지 못하며, 어떻게 살 것인가 하는 선택은 결국 내가 해야 한다. 오직 스스로만이 해결할 수 있다. 그런데 아무것도 없이 스스로 해결할 수는 없으니 책을 읽어야 한다. 책을 읽고 사색을 통해 내가 어디로 나아가야 할지 깨달아야 한다.

책을 읽었는데 실패했다면 독서량이 모자라는 것이다. 더 많이 읽어야 한다. 이건 책을 읽어본 사람이라면 아는 사실이다. 다른 사람에게 물어보고 실패하면 또 다른 사람에게 물어볼 것인가? 하지만 책에게는 얼마든지 물어볼 수 있다. 책에게 물어보라. 바로 대답해주지 않을 수도 있다. 하지만 간절한 마음을 가지고 묻고 또 묻고, 읽고 또 읽다 보면 책이 답을 알려준다. 한번 방법을 알게 되면 그때부터는 시간이 줄어든다. 읽는 힘이 생기는 것이다.

그냥 고민만 해서는 아무것도 해결되지 않는다. 고민은 결국 고민으로 끝난다. 하지만 독서는 사색으로 이어지고 행동으로 이어진다. 행동하지 않으면 인생은 변하지 않는다. 아무것도 하지 않으면서 인생이 바뀌길 바라는 건 도둑놈 심보 아닌가!

생각하지 않는 사람들

옛날에는 노예들이 책을 읽다가 발각되면 채찍을 맞았다. 여자들도 책 읽는 데 제약을 받았다. 왜 책을 못 읽게 했을까?

노예는 주인을 위해 일하는 게 운명이고 여자들은 집에서 아이 키우고 살림하는 게 본분이라고 세뇌해왔는데, 책을 읽게 놔두면 그 거짓이 들통 나기 때문이다. 책을 읽으면 진실을 알게 된다. 스스로 생각할 수 있게 되기 때문이다. 그리고 진실을 알면, 행동하게 된다. 그래서 지배층이 책을 독점하려고 한 것이 아닐까.

정부에 밉보이면 감옥 가기 십상이던 군사 독재 시절에도 대학생들은 반정부 시위에 나섰다. 나만 잘살면 된다고 생각하는 게 아니라 모두가 잘사는 세상을 위해 정권을 바꾸고 사회를 변화시키고 싶어 했다. 책을 많이 읽었기 때문이다.

예전에는 적어도 대학생이라면 지성인으로 불렸다. 하지만 요즘 대학생은 지성인이라기보다 취업 준비생이다. 그만큼 먹고살기가 어려워졌다는 뜻이기도 하다. 학생들이 지성인이 되고 싶어 하지 않아서가 아니라 세상이 그들을 막다른 골목으로 몰아붙인 것이다.

하지만 먹고살기 어려울수록 책을 읽어야 한다. 뭘 해서 먹고살아야 할지 모를수록, 어떻게 해야 성공할지 모를수록 독서를 해야 살길이 보인다. 이건 진짜다. 내가 그랬고, 성공했다고 일컬어지는 수많은 이들이 그랬다.

뮤지컬 강의를 하고 책 읽기 강연을 다니면서 젊은이들을 만나보면 확실히 책 읽는 이들이 많지 않음을 느낀다. 취업 준비를 하는 와중에 생활비를 벌기 위해 아르바이트까지 해야 하니 늘 너무나 바쁘고 고단하다. 문제는 책을 읽지 않으니 스스로 생각하는 힘이 부족해 그 악순환에서 빠져나오지 못한다는 것이다.

우선 진로 결정을 혼자 하지 못한다. 대기업이 월급을 많이 준다니까, 공무원이 안정적이라니까 그쪽으로만 취업 준비를 한다. 나는 8년째 KT&G 상상유니브에서 뮤지컬 수업을 하고 있다. 우리 창작 뮤지컬반 학생이 25명인데 20명이 대기업 입사를 준비하고 나머지 5명은 공무원 시험을 준비한다. 창작 뮤지컬이라는 반 이름이 무색하게 말이다.

대학에서 무엇을 전공할지에 대해서도 부모의 의견에 절대적인 영향을 받고, 입학 후에도 남들 하는 대로 스펙 쌓기 바쁘다. 남들이 안 하는 걸 해야 성공 가능성이 커지는데, 남들이 다 해서 이미 성공하기 힘들어진 곳만 바라본다. 어떤 분야든 상위 1퍼센트에 속하면 대단한 성공이다. 그런데 생각해보라. 공무원 가운데 1퍼센트가 되는 게 쉽겠는가, 종이비행기 전문가 가운데 1퍼센트가 되는 게 쉽겠는가?

2017년 기준 우리나라 국가공무원 수는 63만 1380명이다. 이에 비해 종이비행기 전문가는 숫자도 집계되지 않을 만큼 극소수다. 종이비행기는 돈이 안 된다고? 절대 그렇지 않다. 지금 당장 포털 사이트 검색창에 '종이비행기'를 쳐보라. 당신이 알지 못했던 새로운 세상이 거기 있을 것이다.

스스로 생각해서 길을 찾아야 하는데 생각을 못 한다. 이게 다 책을 안 읽어서 생기는 문제다. 할 일도 많은 데다가 핸드폰만 켜면 재미있는 볼거리가 많으니 책에서 점점 더 멀어진다.

사회 분위기 자체도 예전처럼 독서를 중요시하지 않는다. 내가 어릴 때만 해도 텔레비전에 '속독 왕'이 종종 등장하고 독서 관련 프로그램도 많았다. 요즘엔 어느 방송이나 오락 위주로 돌아간다. 언젠가 유럽을 여행하다가 프랑스에서 텔레비전을 보는데 저녁 시간에 예능 프로그램이 없어서 놀란 적이 있다. 채널을 아무리 돌려도 죄다 토론이나 대담, 책 관련 프로그램이었다.

얼마 전 연극 〈인간〉에서 고지식하고 소심한 과학자 라울 역을 맡아 공연했다. 프랑스 작가 베르나르 베르베르의 희곡이 원작이다. 작품 연구를 하면서 프랑스 공연 영상을 봤는데 배우 두 명이 두 시간 넘게 별다른 액션 없이 계속 말만 하는 게 아닌가. 그럼에도 관객들은 집중해서 공연을 즐기고 있었다. 토론에 익숙해져 있기 때문이 아닐까. 반면 우리 대본은 원작의 3분의 1을 잘라내고 액션도 많이 가미했다. 이야기 전개도 빠르게 편집했다. 그렇게 하지 않으면 관객들이 지루해할 테니까.

유럽 주재 한국 대사관에서 일하는 사람한테 흥미로운 얘기를 들은 적이 있다. 노숙인들을 집으로 돌려보내려고 정부가(어느 나라인지는 잊어버렸다) 여러 가지 방법을 썼단다. 직장도 잡아주겠다고 하고 이런저런 혜택을 주겠다고도 했지만 집으로 돌아가는 노숙인들이 생각보다 많지 않았다. 그런데 노숙인들을 가장 많이 집으로 돌려보낸 방법이 하나 있었다. 바로 독서 환경 조성이었다. 노숙인들이 있는 곳에 인문, 고전 등 양서들을 비치해놓은 것이다. 사람을 변화시키는 데 책만큼 따끔한 자극제는 없다는 얘기다.

책을 읽어야 생각할 수 있고, 생각을 해야 행동할 수 있다. 그 행동이 우리를 자유롭게 하고 풍요롭게 한다. 어떤 일에서든 성공에 이르게 한다. 물론 시간이 필요하다. 예를 들어 지금 이 책을 읽자마자 1년에 10억 원의 매출을 올리는 가게를 하기는 어렵다. 책을 읽다 보면 당장 사업이 하고 싶어지겠지만, 참아야 한다. 대신 책에 좀더 집중해보자. 지금부터 본격적으로 책을 읽고, 깊게 생각하는 훈련도 하고, 앞으로 소개할 내 경험들도 참고하여 자신만의 전략을 세워보자.

평소 책을 전혀 읽지 않던 사람이라면 그야말로 2년 정도는 한눈팔지 말고 열심히 읽어야 한다. 그냥 재미로 또는 지식 좀 쌓겠다 수준으로가 아니라 간절하게 답을 찾겠다는 생각으로 읽어야 한다. 만약 식당을 차리고 싶다면 관련 서적을 100권만 읽어보라. 절대 망하지 않는다. 학원을 열고 싶다면 학원과 관련된 책을 100권만 읽으면 된다. 지금 직장에 다니는 사람들도 마찬가지다. 책과 함께 제2의 인생을 차근차근 준비해야 한다.

나한테 필요한 책을 2년 동안만 집중해서 읽어보자. 2년 후면 새로운 나로 다시 태어난다. 한 분야의 책을 100권 이상 읽은 사람이 많지 않기 때문에 당신이 성공할 확률은 매우 높다. 경쟁이라는 측면에서 볼 때 책을 읽지 않는 나라에 태어난 것을 감사해야 한다.

엉뚱한 곳에서 성공의 비결을 찾는 사람이 많다. 무턱대고 찾아다니는 것이다. 내가 그랬다. 이제 책의 힘을 알았으니 서점 밖에 있는 경쟁자들에게는 알려주지 말고, 우리끼리 열심히 읽고 역사를 만들어 보자.

한곳만 바라봐야 하는 때가 있다

2년 동안 100권의 책을 읽으면 새로운 나로 다시 태어난다고 했지만 운이 좋으면 단 한 권의 책만으로도 인생이 바뀐다. 나처럼 말이다.

혈액형으로 성격을 나누는 게 비과학적이지만 그건 논외로 하고, 난 전형적인 A형이다. 다른 말로 하면 '소심하고 소극적'이다. 다른 사람과 함께 식당에 갔을 때 내가 먹고 싶은 걸 시켜본 적이 없다. 혼자 음식을 먹다가 김치가 떨어지면 더 달라고 말하지 못한다. 친구한테 어떤 말을 했는데 친구 표정이 이상해지면 한 2년쯤 후에 "혹시…… 그때 기분 나빴어?" 하고 물어본다. 그것도 겨우겨우 용기를 내서. 사실 난 개그맨이 될 성격이 아니었다.

게다가 내 고향 상주는 무엇보다 더 예의를 중시하는 곳이었다. 아주 어렸을 때부터 밥 먹을 때 말하면 안 되고, 길을 걸으며 음식을 먹어선 안 된다는 얘길 귀에 못이 박이게 들었다. 그런 일상적인 예절을 넘어 항상 상대방을 배려해야 한다고 배웠기에 하고 싶은 게 있어도 선뜻 나서지 않는 게 습관이 됐다. 내가 어떻게 하는 것이 상대가 원하는 것일까를 생각하느라 '이건가, 저건가?' 하면서 눈치를 보게 됐다.

그래도 끈기 하나는 끝내줬다. 1990년 대학 진학에 실패하고 일을 하고 있을 때였다. 아버지가 일찍 돌아가셔서 어머니랑 누나가 대전에서 식당을 하며 살림을 꾸려나갔지만 형편이 좋지 않았다. 그래서 재수는 일찌감치 접었고, 때마침 군 입대 영장이 나와 병무청 신체검사를 받으러 고향에 가게 됐다.

그곳에서 동창들을 만났다. 고등학교를 졸업하고 반년 만이었다. 동창들은 나처럼 일을 하는 부류와 재수하는 부류, 대학생이 된 부류로 나뉘어 있었다. 처음엔 분위기가 좋았다. 그러다 술이 한두 잔씩 들어가자 대학에 다니는 친구들이 우리를 배려해서 참고 있던 학교 얘기를 하기 시작했다. 학점이 어떻게 나왔다느니 어떤 교양 수업이 좋다느니 하며 자기들끼리만 아는 얘기를 했다. 술 취한 와중에도 정신이 번쩍 들었다. 나도 대학에 가고 싶었다.

입대를 연기하고 대전으로 돌아와 바로 재수를 시작했다. 8월 초,

시험까지 140일 정도가 남은 때였다. 시간이 없었다. 잠을 자지 않아야 했다. 그렇게 결심한 날부터 바닥에 등을 대고 잠을 자본 적이 없다. 책상에 앉아 공부하다 엎드려서 한두 시간 자고, 잠에서 깨면 어김없이 책을 팠다. 이때 모나미 볼펜을 하루에 한 자루씩 썼다. 꼬박 120일 동안 바닥에 눕지 않았고, 볼펜 120자루를 썼다.

하루에 한두 시간밖에 안 잤으니 몸이 정상일 리가 없었다. 시험 보는 내내 정신이 멍해져서 결국 또 떨어졌다. 삼수 때는 전략을 바꿨다. 6시 기상, 12시 취침을 무조건 지켰다. 그랬더니 3월 모의고사에서 점수가 엄청 올랐다. 학원에서 이 정도면 연고대도 갈 수 있다고 할 정도였다. 재수 때 잠 안 자고 공부했던 게 이때 효과가 나타난 것이다. 그리고 1992년, 드디어 연극영화과에 합격했다.

비록 몸에 이상이 왔지만 120일 동안 한 번도 눕지 않고 공부했던 경험은 내게 엄청난 자신감을 심어줬다. 어떤 어려움이 닥쳐도 헤쳐 나갈 수 있다는, 스스로에 대한 믿음이 생겼다. 요즘도 나 자신이 해이해졌다고 여겨지면 그때를 생각하며 미친 듯이 책을 읽곤 한다.

늘 열심히 살 필요는 없다. 늘 잠을 안 자고 살 수는 없지 않은가. 하지만 인생의 어느 순간, 한곳만 바라봐야 하는 시점이 있다. 그때 미친 듯이 하면 된다. 그렇게 자신을 한 단계 업그레이드시키는 것이다.

번지점프대에서는
빨리 뛰어내리는 게 답이다

삼수까지 해서 어렵게 들어간 대학이니 얼마나 신이 나겠는가. 나는 자유를 만끽하며 실컷 놀았다. 그렇게 1학년을 마치고 군에 입대했다. 지금은 연예인이 된 홍석천 형이 선임으로 있는 32사단 문선대에서 공연을 했는데, 형은 내가 웃긴다며 개그맨 시험을 보라고 몇 번을 부추겼다. 그때마다 나는 말했다.

"형, 내가 어떻게 개그맨을 해요. 전 연극 할래요."

그런데 사실 하고 싶었다. 하고 싶었지만 할 수 없다고 생각했다. 뭐 좀 웃기기야 하겠지만 동네에서 웃기는 거지, 전국의 재주꾼들이 모이는 개그맨 세계에 내가 감히 어떻게 끼겠나 싶었다.

군 복무를 마치고는 등록금을 벌기 위해 막노동을 했다. 그때 우연히 책 한 권을 만났다. 이시형 박사의 《배짱으로 삽시다》였다. 제목에 끌렸지만 그 제목 때문에 남들 앞에서는 읽지 못했다. 내가 엄청 소심하다고 말했잖은가. 일을 마치고 집에 돌아와서 틈틈이 읽었다.

처음 책을 집어 들었을 때 내 머릿속은 뒤죽박죽 혼란스러웠다. 천성이 되다시피 몸에 완전히 배어버린 소심함, 남의 시선에 얽매인 나, 꾹꾹 눌러왔던 내 욕구들! 이런 것들이 머릿속을 꽉 채우고 있었다. 책을 다 읽었을 때 놀라운 일이 일어났다. 머릿속이 고요해지고 난 다시 태어났다. 내 인생이 바뀌었다(이시형 박사님, 사랑하고 존경합니다).

책에는 이런 내용이 있었다.

어떤 사람이 매일 같은 옷을 입고 회사에 출근해봤다고 한다. 5일이 지나서야 동료 한 명이 "너 혹시 어제도 같은 옷 입고 오지 않았어?"라고 물었단다. 확신도 아니고 '혹시?'라고.

《배짱으로 삽시다》를 읽고서야 비로소 다른 사람들은 내가 생각하는 것만큼 내게 신경 쓰지 않는다는 사실을 알았다. 내가 뭘 하는지 아무도 신경 쓰지 않는다. 눈치 볼 필요도 없다. 하고 싶은 걸 하면 된다. 못 할 게 무언가. 나는 너무나도 큰 용기를 얻었다.

그 무렵 텔레비전을 보는데 KBS 대학개그제가 열린다는 광고가 나왔다. 대상은 상금이 자그마치 200만 원! 그때 내 등록금이 딱 200만 원이었다. 막노동을 하면 하루에 3만 원을 받는데, 그나마도 용역 회사가 3000원을 떼어가고 2만 7000원이 내 손에 들어온다. 두 달 반을 하루도 안 쉬고 일해야 등록금을 벌 수 있다. 한 달을 일했으니 앞으로 한 달 반을 더 일해야 한다. 그런데 개그제에서 입상하면 개그맨으로 데뷔도 하는 셈이다. 하고 싶다. 홍석천 형도 하라 그러지 않았나. 하지만 내 오랜 습관대로 이런 목소리가 들려왔다.

'에이, 내가 무슨 개그맨이야.'

그 순간《배짱으로 삽시다》가 생각났다.

'아니지. 나 책 읽었잖아. 책에서 해보라고 하잖아. 떨어지면 어때? 아무도 나한테 신경 쓰지 않아. 배짱으로 한번 해보자.'

일단 원서를 내고 대본을 짰다. 대본도 그 책에서 힌트를 얻어 썼다. 남들 이목 때문에 겉치레에 치중하는 세태를 풍자하는 내용이었다. 가만히 서서 하는 스탠딩 개그가 식상한 느낌이라 음악을 틀고 박자에 맞춰 몸을 좌우로 흔들며 개그를 했다. 그런 장치들이 심사위원들의 주의를 끌어주었다. 다들 '응? 저건 뭐지?' 하는 표정이었다.

1994년 2월 대학개그제가 열리는 KBS 홀에 사회자의 목소리가 울려 퍼졌다.

"참가번호 18번 고명환, '멋진 삶을 위하여' 금상!"

대상 다음이 금상이었다. 상금은 100만 원. 세금을 떼고 나니 70여 만 원이었다. 옷 사는 데 20만 원, 응원 왔던 친구들과 뒤풀이하는 데 40만 원, 왔다 갔다 차비 10만 원 해서 상금이 한 푼도 안 남고 모두 날아갔다. 하지만 난 개그맨이 됐고 자신감을 얻었다. 배짱을 가지니 내가 할 수 있는 일이 너무 많았다.

이듬해 봄, 학교로 다시 돌아갔을 때 나는 완전히 딴사람이 되어 있었다. 단 한 번의 결석과 지각도 없었고 강의실에서는 늘 앞자리에 앉았다. 그 결과 과 수석을 놓치지 않았고 매 학기 장학금을 받으며 학교에 다녔다. 4학년 1학기를 마치고는 MBC 공채 시험에 응시해 합격했다. 본격적으로 개그맨의 길을 걷기 시작한 것이다.

책이 아니었다면 나는 개그맨이 될 생각을 못 했을 것이고, 행동으로 옮길 용기도 내지 못했을 것이다. 할까 말까, 할 수 있을까 없을까를 생각하며 시간만 보냈을 것이다. 번지점프대에 올라가면 최대한 빨리 뛰어내려야 한다. 그러면 할 수 있다. 아래를 내려다보며 '줄이 튼튼할까? 혹시 끊어지지 않을까? 머리가 땅에 닿는 건 아닐까?' 이런 걱정을 하다 보면 절대 뛰어내리지 못한다.

배짱으로 살자. 뭐가 겁나는가. 남에게 피해만 주지 않으면 어떤 행동을 해도 상관없다. 이 글을 읽으며 머릿속에 떠오른 그 생각! 당신이 지금 하고 있는 바로 그 생각! 지금 당장 시작해보라. 일단 시작하고 그다음은 또 책에 물어보자. 나에게《배짱으로 삽시다》가 그랬듯이, 당신에게도 삶을 완전히 바꿔놓을 인생의 책이 기다리고 있다.

몰라서
못 하는 게 아닌데

"저는 책만 읽었을 뿐인데 어느새 회사를 차려서 사업을 하고 있더라고요."

"지금 저는 책 읽기 전엔 생각지도 못했던 일을 하고 있답니다."

"책을 읽다 보니 지금 이 자리까지 와 있더군요."

독서 모임에 가면 자주 듣는 말이다. 나도 마찬가지다. 나는 그저 책을 읽고 있었는데 어느 날 보니 강의를 하고 있고, 이렇게 책도 쓰고 있다. 내가 책을 쓰다니! 책을 읽기 전에는 스쳐 지나가는 생각으로도 해본 적이 없었다. 그런데 어느 날 세스 고딘의 《이카루스 이야기》를 읽다가 이런 대목을 만났다.

> 그냥 써보자. 아무렇게나 쓰자. 계속해서 쓰자. 공개적으로, 그리고 나아질 때까지 쓰자. (…) 매일 그렇게 쓰자. 말하듯 글을 쓰자. 충분히 자주.
>
> _《이카루스 이야기》 중에서

이 대목을 읽고 꾸준히 글을 쓰기 시작했다. 그리 어렵지는 않았다. 어릴 때부터 난 글을 참 쉽게 썼다. 연애편지를 쓸 때도 초고를 쓴 후에 옮겨 적지 않고 단번에 써 내려갔다. 30분도 안 걸려서 편지지 두세 장을 뚝딱 채웠다.

세스 고딘의 책을 읽고 계속 쓰다 보니 글을 잘 쓰고 싶어졌다. 그래서 글 쓰는 법에 대한 책을 여러 권 읽었다. 책이 말했다. 누구나 글을 잘 쓸 수 있다, 당신도 작가가 될 수 있다고. '그래? 그렇다면 나도 책을 한번 써봐야겠다.'

이번에는 어떤 책을 쓸지 생각하며 읽었다. 그러다가 마음만 먹으면 큰 부자가 될 수 있음을 보여준 탈레스의 일화를 알게 됐다. 독서와 사색으로 어떤 경지에 이르면 해내지 못할 일이 없다는 얘기 아닌가. '그래, 나도 책을 읽어 지혜를 얻고 그 지혜대로 살아보자. 그다음엔 그 내용으로 책을 써보자.' 이렇게 해서 이 책을 쓰게 된 것이다.

책은 나를 행동으로 이끈다. 왜 그럴까? 행동의 기준이 생기기 때문이다. 사실 우리는 책 속에 있는 내용들을 모르는 게 아니다. 읽어보면 대부분 아는 얘기 아닌가? 어떻게 살면 좋은지도 다 안다. 문제는 행동이 없다는 것이다. 행동에 나서지 못하는 건 용기가 없기 때문이다. 실패에 대한 두려움, 자칫 지금보다 못한 삶을 살게 되지 않을까 하는 두려움에 지기 때문이다.

하지만 책을 읽으면 행동의 기준이 생긴다. 기준이 생기면 행동에 나설 용기가 생긴다. 방어적이고 수동적이었던 내가 적극적이고 능동적인 사람으로 변한다. 알고는 있지만 행동으로 옮기지 못한다면 책을 좀더 열정적으로 읽어보라. 어느 순간 행동하고 있는 자신을 발견하게 될 것이다.

나 역시 책을 읽기 전에는 앉아서 일 들어오기만 기다릴 뿐 아무것도 하지 않았다. 그랬기에 늘 불안하고 의기소침했다. 나의 의지로 만들어가지 못하고 운 좋게 일이 얻어걸리길 기다리는 셈이었으니 칼자루를 남의 손에 쥐여준 것과 마찬가지였다. 그런데 책을 읽자 그럴 필요가 없어졌다. 책은 행동이다. 원동력이자 연료다. 책을 읽으면 가만히 있으려 해도 뭔가를 하게 된다.

그냥 그 길을 따라가면 된다. 그러다 보면 도착하는 곳마다 신세계가 펼쳐져 있다. 책은 돈을 원하면 돈을 벌 수 있는 길로, 명예를 원하면 명예를 높일 수 있는 길로 인도해준다.

난 이 책을 쓰면서 책에 더욱 빠져들고 있다. 앞으로 3년만 더 책에 미쳐볼 생각이다. 그러면 내 나이 49세가 된다. 쉰 살에 난 무엇을 하고 있을까? 너무나 궁금하다. 어쩌면 대단한 삶을 살고 있지 않을 수 있다. 하지만 아주아주 만족스럽고 행복한 삶을 살고 있으리라는 것만은 확실하다. 그것이 내가 원하는 삶이고 책이 나를 그 길로 이끌어줄 테니까.

우리는 모두 천재로 태어났다

"물고기들을 나무 타기 실력으로 평가한다면, 물고기는 평생 자신이 형편없다고 믿으며 살아갈 것이다."

아인슈타인의 말이다. 책에서 이 문장을 발견하고 큰 힘을 얻었다.

당시 나는 한 가지 문제를 깊이 고민하고 있었다. 15년 넘게 개그를 하면서 잠깐 주목받은 적도 있지만, 2002년 이후 10년 동안 계속 내리막길을 걸었다. 많이 노력했지만 일시적인 반응만 있을 뿐이었다. 그때 이 문장을 만났고 깨달았다.

'난 물고긴데 나무 타기를 하고 있구나.'

그래서 방송국을 떠났다. 그리고 물에 뛰어들었다. 물에서 뜨는 법을 배우고 헤엄치는 법을 배우고 잠수하는 법을 배우고 춤추는 법을 배웠다. 물속에선 할 일이 정말 많았고, 모든 일이 신나고 즐거웠다. 나는 나무 위보다 물속이 더 좋았다.

난 요리를 좋아하고 뮤지컬을 좋아하고 강의하는 걸 좋아하고 글쓰기를 좋아한다. 책을 읽으면서 알게 된 사실이다. 독서를 하면서 내 강점이 뭔가를 계속 생각하다가 어렸을 때 글쓰기를 잘했던 기억이 떠올랐다. 학교 다닐 때 글짓기 상을 많이 타신 엄마의 재능을 물려받아서인지 난 글쓰기가 쉽고 재미있었다.

개그맨으로 20년 가까이 활동할 수 있었던 비결도 결국 글쓰기였다. 난 개그계의 싱어송라이터라 내가 방송할 대본은 내가 썼다. 대학원에서 뮤지컬 극작도 공부했다. 돌아보니 난 늘 글을 쓰면서 살고 있었지만, 내가 글쓰기에 재능이 있는 줄은 몰랐다. 책을 읽고서야 깨달았다.

내가 요리를 잘한다는 것도 책이 알려주었다. 책에서 모든 사람은 천재라고 했으니 나도 당연히 천재일 테고, 그렇다면 내 천부적인 재능은 어디 있을까를 곰곰 생각해보니 요리였다. 난 웬만한 음식은 한 번 먹어보면 거의 똑같이 만들 수 있다. 그림에 재능 있는 사람들이 사물을 보고 그 모양을 쓱쓱 그려내는 것처럼, 계량스푼 없이 어림짐작으로 간을 하고 타이머 없이 감으로 조리 시간을 맞춰도 내가 생각했던 맛이 나온다.

내가 강의에 소질이 있다는 사실을 알게 된 것도 물론 책 덕분이다. 난 책 한 권을 읽고 나면 그 내용을 여기저기 떠들고 다녔다. 그렇게 떠드는 게 좋았고 사람들도 내 얘기를 듣고 관심을 보이며 재미있어 했다. 그런데 생각해보니 그렇게 떠드는 것 자체가 강의였다.

뮤지컬도 무척 좋아했다. 오랫동안 내게 뮤지컬은 하는 게 아니라 보는 거였다. 그런데 책을 읽다 보니 어느 순간 내가 뮤지컬을 하고 있었다. 뮤지컬을 기획하고, 대본을 쓰고, 공연을 하고, 가르친다.

난 지금 뮤지컬과 강의와 요리와 글쓰기를 굉장히 즐기면서 하고 있다. 하고 싶은 일만 재미있게 하는데도 연말에 통장을 펴보면 돈이 억 단위로 늘어 있다.

이쯤에서 이런 질문이 나올 것이다.

"하지만 책을 읽어도 소용없던데요? 나는 아직도 내가 뭘 잘하는지 못 찾았어요."

책을 펴자마자 '당신은 이걸 잘합니다'라고 쓰여 있는 건 당연히 아니다. 책을 읽으면서 자신을 들여다봐야 한다. 찾으면 반드시 답이 나온다.

무서워서 주사를 놓지 못하는 간호사 얘기를 들어봤는가? 그녀는 직장을 그만둬야 할 위기에 처했다. 그때 책에서 누구나 남다른 강점을 가지고 있다는 내용을 읽었고, 그녀는 자신이 잘하는 일이 무언지 간절히 생각했다. 지금까지는 주사를 놓지 못한다는 약점만 생각하느라 강점에 눈을 돌려본 적이 없었다. 차분히 자신을 들여다본 결과, 자신이 환자를 누구보다 상냥하게 대할 수 있다는 강점을 찾아냈다. 그녀는 강점에 집중해 열심히 일했고, 그녀가 일하는 곳은 친절한 병원으로 소문이 나서 환자들이 몰려들었다. 그녀는 병원의 자랑거리가 되었다.

아직도 잘하는 게 없다고 생각되는가? 당신은 원래 천재이기 때문에 잘하는 게 없을 수가 없다.

우선 후쿠오카 마사노부의 《짚 한 오라기의 혁명》과 장 자크 루소의 《에밀》을 읽어보자. 마사노부 할아버지는 아흔다섯 살로 돌아가실 때까지 평생 감귤 농사를 지었다. 감귤 농사에는 매뉴얼이 있다. '잎이 몇 개가 났을 때 몇 번 잎과 몇 번 잎을 따준다. 가지가 몇 개일 때 몇 번 가지와 몇 번 가지를 잘라준다' 하는 식이다. 이런 매뉴얼대로 하면 똑같은 크기, 똑같은 빛깔, 똑같은 맛의 감귤을 만들 수 있다.

매뉴얼대로 감귤 농사를 짓던 어느 날, 마사노부 할아버지는 문득 이런 생각이 들었다.

'왜 근대 이후에 모차르트, 베토벤, 쇼팽, 미켈란젤로, 레오나르도 다 빈치, 소크라테스, 뉴턴, 에디슨 같은 사람이 나오지 않는 걸까?'

할아버지는 감귤을 키우다가 알게 됐다. 매뉴얼에 따라 똑같은 교육을 받기 때문에 똑같이 대기업과 공무원만 꿈꾼다는 것을(일본도 한국과 똑같은가 보다). 그래서 할아버지는 감귤나무를 그냥 자라게 해봤다. 잎도 따지 않고 가지치기도 하지 않았다. 그러자 놀라운 일이 일어났다. '천재' 감귤들이 탄생했다. 지금까지 한 번도 경험해보지 못한 맛을 가진 감귤들이 태어난 것이다.

우리는 모두 천재로 태어났다. 그런데 교육을 받으면서 점점 똑같아진다. 개성이 없어진다. 《에밀》에서 루소는 어린아이에게 억지로 말을 가르치지 말라고 얘기한다. 그건 천재로 태어난 아이를 바보로 만드는 일이란다.

아이가 말을 늦게 하는 이유는 말이 필요하지 않기 때문이다. 그보다 관심 가는 뭔가가 있기 때문이다. 어떤 아이는 물소리, 새소리, 바람 소리를 좋아한다. 어떤 아이는 빨간색, 파란색, 초록색이 너무 신기하다. 가만히 내버려둬야 한다. 루소는 아이의 천재성이 충분히 자리를 잡을 때까지 아무것도 가르치지 말라고 한다. 옆집 아이가 두 살에 영어를 한다고 내 아이에게도 억지로 영어를 가르치는 것처럼 바보 같은 일이 없단다.

당신은 원래 천재였다. 지금이라도 그 천재성을 깨우자. 내가 아는 방법은 독서뿐이다. 예전의 나였다면 책 쓸 엄두도 내지 못했을 테지만, 지금은 자신 있게 도전하고 있다. 도전 자체가 이미 천재성을 드러낸 것이다.

이 책이 훌륭하건 아니건 그건 둘째 문제다. 책을 쓰고 있다는 것 자체가 훌륭한 거다. 난 계속 책을 읽고 책을 쓸 것이다. 내 안에 잠든 거인을 깨울 것이다. 당신도 자신 안에 어떤 거인이 잠자고 있는지 꺼내보고 싶지 않은가?

네 번의 사업 실패로 얻은 것

내 지난날은 자신감으로 충만했다. 나는 나만 믿었다. 종교도 없었고 점을 보러 간 적도 없었다. 뭐든지 하면 됐다. 비록 삼수는 했지만 원하는 대학에 들어갔고, 학교 성적도 좋았고, 개그맨도 됐고, 방송사에 입사했고, 돈도 벌었고, 첫눈에 반한 여인과 연인이 되는 데도 성공했다. 이제 사업만 남았다. 사업도 성공할 자신이 있었다.

2002년 어느 날, 낮잠을 자다가 꿈을 꾸었다. 시골집 재래식 화장실에서 똥을 누고 있는데 똥이 점점 차오르더니 화장실이 '빵' 하고 터지면서 내가 똥과 함께 밖으로 흘러나오는 게 아닌가. 그 순간 전화벨이 울려 잠에서 깼다. 대학생 시절 룸메이트였다.

"우리 같이 감자탕집 할래?"

나는 친구에게 바로 돈을 부쳤다. 장소가 어디인지, 월세는 얼마인지, 가게는 누가 운영할 것인지, 요리는 누가 할 것인지 묻지도 따지지도 않고 1억 원을 보냈다.

다행히 처음엔 장사가 잘됐다. 우린 둘 다 감자탕을 만들 줄 몰랐다. 감자탕만 책임지고 만드는 이모가 따로 있었다. 그런데 얼마 후 이모가 그만뒀고, 다른 이모가 만드는 감자탕은 당연히 맛이 달랐다. 바로 손님들이 떨어져 나가기 시작했다. 할 수 없이 새로운 메뉴를 만들었다. 별다른 반응이 없자 얼마 후 또 메뉴를 추가했다. 그래도 손님이 늘지 않아 또 다른 메뉴가 생겼다. 결국 3년 만에 문을 닫았다.

그다음엔 실내포장마차를 차렸다. 문천식과 동업했는데 손님들이 연예인 사장이라며 술을 따라주곤 했다. 안 마실 수가 없었다. 하루에 소주 다섯 병은 기본으로 마신 것 같다. 한 달 만에 몸이 이상해졌고 병원비가 더 나올 판이었다. 어쨌거나 장사는 잘됐다. 하지만 남는 게 없었다. 우리는 이유를 몰랐다. 원재료 가격이 얼마인지, 이윤이 얼마나 생기는지, 세금은 얼마나 내는지, 이런 계산들을 어떻게 하는 것인지도 전혀 몰랐다. 손님들이 따라주는 소주를 매일 다섯 병씩 마셔가며 열심히 운영했지만, 결국 3개월 만에 문을 닫았다.

이번에는 골프연습장에서 스낵바를 하기로 했다. 처음으로 엄마와 누나가 도와줬는데 장사가 잘됐다. 완전히 자리를 잡아가고 있었다. '역시 가족이랑 함께하니까 되는구나, 이젠 됐다' 싶었다. 그런데 골프연습장에서 나가라고 했다.

"1년밖에 안 됐는데 나가라고요?"

"계약서 보세요. 계약 기간이 1년이잖아요."

물론 계약서상으로는 그랬다. 하지만 계약 당시 골프연습장 측에서는 "일단 계약서는 이렇게 쓰되 매년 갱신해드릴 테니까 하고 싶을 때까지 하세요"라고 분명히 말했다. 계약서를 제대로 쓰는 법을 몰랐던 내가 바보였다. 정말 아무것도 몰랐다. 자세히 알아보지도 않고 시작했으니 뭘 알겠는가? 지금의 나라면 그렇게 무작정 시작하지는 않았을 것이다.

스낵바는 그만뒀지만 골프 연습을 하러 골프연습장에 들렀다. 우리 다음으로 스낵바를 물려받은 아주머니가 몇 개월이 지나자 장사를 안 하고 문을 닫아놓기 시작했다. 오랫동안 미용실을 하셨던 분이다. 아마도 우리 스낵바를 보고 주인은 그냥 카운터에 앉아만 있으면 된다고 여기지 않았을까. 요리하는 아줌마 한 명, 서빙하는 직원 한 명만 구하면 편하게 장사할 수 있을 거라고 생각했을 것이다. 그런데 막상 해보니 생각보다 쉽지 않아 장사를 접었을 것이다.

내 주변에도 그렇게 생각하는 사람들이 많다.

"커피숍 사장은 그냥 카운터만 지키면 되는 거 아냐?"

하지만 뒤에서 할 일이 얼마나 많은지 모른다. 이런 걸 너무 쉽게 생각하고 덜컥 계약해서 가게 오픈하면 십중팔구는 망한다. 나도 몰랐다. 뭘 따져봐야 하는지 이제는 아는데, 이 점은 뒤에서 자세히 소개하겠다.

세 번의 시행착오를 겪고도 나는 또 사업을 시작했다. 번번이 실패해놓고도 자신이 있었다. 왜? 나는 고명환이니까. 자신감이 하늘을 찌를 때였다. 이번에는 닭가슴살 사업이었다. '몸짱'이 되고 《개그맨 고명환의 8주 식스팩 프로젝트》라는 책을 내고 난 직후였다.

내 성을 따서 '고닥godak'이라고 네이밍도 하고 디자인도 하고 포장지도 만들어서 이제 출시만 하면 되는데, 개그맨 후배 허경환의 '허닭'이 먼저 나왔다. 사업은 타이밍이 중요하다. 미리 조사해봤다면 충분히 알 만한 일이었는데 사전조사조차 하지 않은 내 불찰이었다.

허닭 때문에 고닥이란 이름은 버려야 했다. 그런 다음에는 이왕이면 아무도 쓰지 않는 재료를 사용하자는 생각에 토종닭으로 닭가슴살을 만들었다. 일반 닭보다 원가가 훨씬 비쌌다. 토종닭 공장에서도 말렸다. 일반 닭은 가슴살을 떼어내도 다른 부위를 팔 수 있는데 토종닭은 가슴살을 떼어내면 나머지 부분은 폐기해야 한다고 했다. 그래서 원가가 비싸다고 말렸지만 그래도 나는 했다. 토종닭은 아무도 안 했으니까.

난 선구자라고 생각했다. 그리고 이건 고급 브랜드니까 비싸도 팔릴 거라고 생각했다. 물론 나만의 착각이었다. 아무도 내 닭가슴살이 고급이라고 생각하지 않았다. 토종닭이라 더 질기기까지 했다. 몸짱이 되기 위해 운동하는 사람들은 대부분 주머니가 가벼운 젊은 층으로, 합리적인 소비를 중요시한다. 싸고 부드러운 일반 닭가슴살이 있는데 왜 비싸고 질긴 토종 닭가슴살을 먹겠는가? 이건 조금만 생각해봐도 알 수 있는 일이다.

만약 내가《손자병법》을 읽었더라면 그처럼 무모하게 고집을 피우지는 않았을 것이다. '오사칠계'를 알았을 테니 말이다.

오사칠계는 다섯 가지 조건과 일곱 가지 계교를 말한다. 장수는 어느 쪽이 더 유능한가, 지리적 우위는 어느 쪽이 선점했는가, 병력은 어느 쪽이 더 강한가 등을 미리 계산해서 승산이 있으면 싸우라는 얘기다.《손자병법》은 병법을 논하는 책이지만 결론은 함부로 싸우지 말라는 것이다. 그래서 내가 이 책을 좋아한다.

오사칠계에 내 상황을 대입해서 승산을 다 따져봤다면 손대는 사업마다 말아먹는 일은 없었을 테고 돈도 까먹지 않았을 것이다. 관련 서적 한 권 안 읽고 순전히 감에 의존해서 사업을 하면 이런 일이 생긴다.

뭔가를 도모할 때는 계산을 할 수 있는 기준이 있어야 한다. 가장 믿을 수 있는 기준이 책이다. 책에는 오랜 시간에 걸친 실패담과 성공담이 모두 들어 있다. 지금 읽고 있는 이 책만 봐도 그렇지 않은가?

이런 책을 읽고, 사업을 시작하기 전에 계산해볼 줄 알아야 한다. 자신에게 기준이 될 책을 찾아내는 것이 성공으로 가는 가장 빠른 길이다.

책은 시행착오를 줄여준다. 굳이 실패의 경험을 하지 않아도 된다. 직접 경험함으로써 얻는 것이 더 소중할 수도 있지만, 때로는 너무 큰 대가를 치르게 된다. 실패를 통해 뼈저리게 깨달은 게 있다 하더라도 재기가 불가능할 수 있다. 전 재산을 잃고 사람도 잃었다면, 실패에서 얻은 교훈이 무슨 소용인가.

그래서 책을 읽어야 한다. 어떤 일을 할 때는 관련 분야의 책을 여러 권 읽고, 내 상황을 대입해보고, 내 처지에 맞게 응용하면서 계산하고 답을 찾아보라. 책을 읽는 게 돈 버는 지름길이다.

죽었다 깨어나 보니 알겠더라

2005년 드라마 〈해신〉에 출연할 때였다. 전라남도 해남에서 촬영을 마치고 서울로 올라오는데 눈이 내리기 시작했다. 국도를 달리는 내내 길이 미끄러워 엉금엉금 기다시피 하다가 겨우 서해안 고속도로에 올랐다. 고맙게도 고속도로에는 눈이 전혀 없었다. 매니저는 정말 신나게 달렸다.

난 매니저 옆자리에 열선을 켜고 누웠다. 피곤하기도 하고 감기몸살 기운도 살짝 있어서 금세 곯아떨어졌다. 희미하게 정신이 든 건 매니저의 울부짖는 소리 때문이었다. 눈을 뜨려는데 한쪽 눈이 떠지질 않았다. 얼굴을 만져보니 온통 피범벅이었다.

몸을 꼼짝할 수 없었다. 차 지붕이 찢겨 칼날처럼 날카로운 부분이 명치를 0.5센티미터쯤 파고들어 와 있었다. 마치 영화의 한 장면 같았다. 완전히 눕지 않았더라면 나는 명치를 깊게 찔렸을 것이고 지금 이 글도 쓸 수 없었을 것이다.

매니저는 시속 150킬로미터 이상으로 달렸다고 한다. 게다가 국도에서 눈길에 너무 신경 쓰고 운전하다 고속도로에 올라오니 긴장이 풀렸고, 앞에는 차가 한 대도 없었다고 했다. 그러다 깜빡 졸았는데 눈을 뜨니 바로 앞에 트럭 한 대가 시속 80킬로미터 정도로 가고 있더란다. 미등이 모두 고장 나 먼 거리에서는 미처 알아채지 못한 것이다. 매니저는 급히 브레이크를 밟으며 핸들을 돌렸다. 그 바람에 내가 누워 있는 조수석이 트럭을 들이받았다.

트럭 뒷부분이 차 안으로 밀고 들어오면서 자다가 튕겨 오르는 내 머리를 때렸고 난 잠든 상태에서 기절 상태로 바로 넘어갔다. 교통사고가 난 줄도 몰랐다. 드라마 촬영과 네 군데의 밤무대 생활로 지칠 대로 지친 터라 완전히 넋 놓고 잠들어 있었다. 병원에서는 몸이 그처럼 이완된 상태였던 게 그나마 다행이라고 했다.

"이마가 이 정도로 찢어지면 보통 목뼈에 이상이 있는데 정말 운이 좋았습니다."

하지만 운이 좋은 것도 잠시. 정신을 차리고 얼마 지나지 않아 몸이 싸늘하게 식어가고 입술이 보라색으로 변하기 시작했다. 의사 선생님이 다시 와서 보고는 말했다.

“고명환 씨, 사흘 안에 죽을 수도 있습니다. 유언을 하시고 주변 정리도 하시라고 말씀드리는 겁니다.”

지금 촬영 중인 건가? 믿어지지가 않았다. 그런데 드라마라기엔 의사 선생님의 연기가 섬뜩할 만큼 리얼했다. 그렇다고 현실이라기엔 죄 없는 사람에게 사형 선고를 내리는데 머뭇거리거나 미안해하는 기색이 전혀 없어 실감이 나지 않았다. 곧 죽을 환자를 향한 약간의 동정이나 안타까움 정도는 표현해줘야 하는 거 아닌가. 내가 어리둥절해하는 사이 의사는 쐐기를 박듯 한마디 더했다.

“심장에 출혈 기미가 보입니다. 사흘 안에 심장 파열로 죽을 수 있어요.”

곧 이상한 기계들이 내 몸에 부착됐고 난 중환자실로 옮겨졌다. 머리 위쪽으로는 뚜뚜, 뚜뚜 소리를 내며 나의 생사를 확인하는 장치가 설치됐다. 이건 분명 실제 상황이고 생전 처음 겪는 일인데, 이상하게도 낯설지가 않았다. 어쩌면 드라마나 영화에서 이런 장면을 많이 봐서였을 것이다.

사흘 안에 죽는다고 했지만 중환자실에서 일주일을 버텼다. 그리고 살아서 일반 병실로 돌아왔다. 나는 죽지 않았다.

죽다 살아난 후에 내 인생의 기준은 달라졌다. 돈이 전부가 아니었다. 아니, 돈을 벌어도 이렇게 벌고 싶지는 않았다.

죽는다는 말을 들었을 때 머릿속에 떠오른 단어는 딱 하나였다. 이 글을 읽는 당신도 한번 생각해보라. 만약 사흘 안에 죽는다면 어떤 단어가 가장 먼저 떠오르겠는가? 부모님? 애인? 재산? 나는 이거였다.

여행.

여행을 가고 싶었다. 당장 떠나고 싶었다. 하지만 몸이 만신창이라 움직일 수가 없었다. 답답했다. 답답해서 몸부림을 치고 있던 어느 날 탤런트 송일국 씨가 병문안을 다녀가면서 책을 잔뜩 선물했다. 잡지부터 소설, 에세이, 만화까지 한 무더기 쌓여 있는 책을 보고 생각했다.

'그래, 여행을 떠나지는 못하지만 아쉬운 대로 책을 읽어보자.'

그날부터 책을 읽었다. 그토록 빡빡하던 스케줄이 이제 더는 없으니 시간에 구애받지 않고 책을 볼 수 있었다. 물론 두 눈 다 뜨고는 볼 수 없었다. 사고 충격으로 한쪽 눈동자가 마비돼서 사물이 두 개로 보였기에 그 눈을 가리고 다른 쪽 눈으로만 봤다.

그렇게 두 달 동안 병원에 있으면서 50여 권의 책을 읽었다(소프트뱅크 손정의 회장은 병원에서 3년 동안 4000권을 읽었고, 이랜드그룹 박성수 회장은 병상에서 2년 6개월 동안 3000권을 읽었다고 한다). 그때 나는 정말이지 책의 매력에 푹 빠져버렸다. 여행을 떠난 것보다 더 큰 만족감을 얻었다. 유럽에서 처음으로 지평선을 봤을 때, 미국에서 그랜드캐니언과 마주했을 때보다 더 감동적이고 더 짜릿하고 더 행복했다. 몸은 병실에 갇혀 있지만 내 영혼은 어디든지 날아갈 수 있었다. 자유로웠다.

인터넷을 켜면 전 세계와 연결되는 느낌이다. 페이스북에 접속하면 세상 모든 사람과 연결되는 느낌이다. 그것은 현재의 느낌이다. 그런데 책을 펴면 과거와 현재 그리고 미래와도 연결된다. 인터넷보다, 페이스북보다 훨씬 크고 넓고 경이롭고 위대하다.

퇴원하고 집에서 요양할 때도 계속 책을 읽었다. 그러다 마비된 눈동자가 돌아오고 몸이 회복되자 개그맨 생활로 돌아갔고 책에서 점점 멀어졌다. 아, 인간이란! 몸이 불편하고 돈을 벌지 않을 땐 책에서 돌파구를 찾겠다며 그토록 열정적이었지만, 몸이 회복되고 다시 돈을 벌게 되자 나는 다시 그저 그런 나날로 돌아가고 말았다.

그렇게 5년이 흘러 2010년이 됐다. 몸이 사고 전 상태로 거의 돌아가 본격적으로 운동을 시작했다. 어느 날 체육관에 가기 위해 지하철을 탔다. 차를 사고 나서는 지하철을 탄 적이 거의 없었던 탓에 몹시 지루하게 느껴졌다.

"휴, 아홉 정거장이나 남았네. 아이고, 여덟 정거장이나 남았네. 아직도 일곱 정거장이나 남았어?"

이렇게 30분을 가서 목적지에 내렸다. 내 인생의 30분을 지하철한테 빼앗긴 느낌이었다.

다음 날은 우연히 책을 들고 탔다. 내려야 할 역이 다가오는데 읽고 있던 장을 다 못 읽었다.

'아, 한 정거장만 더 가면 좋겠다.'

나는 마지막 순간까지 책을 놓지 않고 완전히 집중해서 그 장을 다 읽음과 동시에 지하철에서 내렸다. 어제 지하철에서 내릴 때와는 비교도 안 되는 뿌듯함이 내 온몸을 감쌌다. 그 순간 큰 깨달음을 얻었다. 어제와 달리 30분이란 시간을 내가 지배한 것이다. 내 시간을 내가 산 것이다. 이게 자유다. 내 시간을 내가 지배하며 산다는 느낌!

그날 이후 일이 들어오면 항상 이 생각을 먼저 했다.

'내가 끌려가는 것이냐? 내가 지배하는 것이냐?'

내가 시간을 지배하는 것이 자유고, 내가 하고 싶은 일을 하는 게 자유다. 난 모든 스케줄을 내가 하고 싶은 일로만 채워가기 시작했다. 그런 일들로 한 달에 1000만 원 이상 벌 수 있도록 책을 읽고 아이디어를 짰다. 책에서 답을 찾는 삶을 살기 시작했다. 그러자 실제로 그런 능력이 생겼다. 얼마 안 가 내가 하고 싶은 일만 하면서 한 달에 1000만 원 이상 벌게 된 것이다. 그때가 2012년, 지하철에서 깨달음을 얻은 지

2년 만이었다.

인간은 본능적으로 자유를 원한다. 병원에서 죽을 수도 있다는 소리를 들은 경험이 있는 사람들을 만나 물어보면 대부분 여행 가고 싶다는 생각이 제일 먼저 들었다고 얘기한다. 로또 당첨되면 뭐 할 거냐고 물어봐도 이구동성으로 "일단 세계일주든 크루즈 여행이든 여행 좀 하고요. 그다음에……"라고 대답한다. 우리는 왜 이렇게 여행을 하고 싶어 하는 것일까?

여행을 동경하는 이유는 자유롭고 싶어서다. 여행은 우리가 생각하는 가장 자유로운 상태다. '바캉스'라는 말의 어원도 자유다. 나는 모든 인간이 원하는 건 결국 자유라고 생각한다. 행복도 자유에 포함된 개념이다. 사랑과 결혼 역시 외로움으로부터, 혼자 사는 삶으로부터 자유로워지려고 하는 것이다. 둘이 만나 경제적으로 보다 풍요로워지고 감정적으로 안정을 얻고 싶어서다. 이 역시 자유다. 경제적으로나 감정적으로 불안하면 자유를 느낄 수 없기 때문이다. 안정이 돼야 우리는 자유로울 수 있다.

이렇게 인간이 궁극적으로 원하는 자유를 주는 것이 책이고, 책을 읽음으로써 나는 비로소 자유로워졌다.

2장

장사의 시작,
메밀꽃이 피었습니다

무엇을 팔 것인가

나와 가장 친한 PD가 코미디 프로그램 연출로 오면서 내게 조연출과 다름없는 권한을 주겠다고 했다. 파격적인 대우였다. 하지만 난 그의 만류와 회유와 분노를 뒤로하고 내 발로 방송국을 떠났다. 그리고 대학원에 진학했다.

행동은 당찼으나 속으론 불안했다. 그 불안함을 지우기 위해 책을 읽었다.

> 사업을 시작하는 데 반드시 좋은 아이디어가 필요한 것은 아니다. 아이디어는 남의 것을 빌릴 수도 있다. 다른 거장, 다른 나라, 다른 업계의

누군가가 하고 있는 일을 찾아내보라.

_《이제는 작은 것이 큰 것이다》 중에서

책을 택한 내 전략은 옳았다. 책을 읽을수록 불안감이 점점 자신감으로 바뀌고 더 넓은 세상이 보이기 시작했다. 방송국만 바라보고 있을 때는 몰랐던 세상, 내가 하고 싶은 일을 하면서 돈을 벌 수 있는 세상이 눈에 보였다. 어떻게 살아야 할지도 머릿속에 그려졌다. 그래서 구체적으로 내 인생의 작전을 짜기로 했다.

1. 인생 후반을 나는 최고의 강사로 살겠다. 한 번 강의에 1억 원을 받자. 지금 내 강의료는 300만 원. 이제 9700만 원 남았다.
2. 강의를 위해선 업적이 필요하다. 아무것도 이루지 못한 사람의 얘기를 누가 들어주겠는가?
3. 자본주의 사회에서 업적은 일단 돈이다. 돈을 벌자.
4. 그냥 벌지 말고 얘깃거리를 만들면서 벌자.
5. 난 책을 좋아하고 1000권 넘게 읽었으니까 책이 시키는 대로 사업을 해서 돈을 벌자.
6. 난 작가가 되겠다. 글쓰기 훈련을 계속하고 내 경험과 생각을 꼼꼼히 기록하자. 개그맨의 장점을 살려 최대한 재미있게 쓰자. 아무도 대신할 수 없는 작

가가 되자.

7 책을 써서 출판하자.

8 사업과 책을 바탕으로 강의를 하자.

9 또 다른 업적을 이루고 책을 쓰자.

10 더 많은 강의료를 받고 강의를 하자.

11 나만의 서점을 운영하자.

12 특화된 출판사를 운영하자.

13 그동안 번 돈으로 도서관을 짓자.

이제 작전을 세웠으니 내게 명령을 내려줄 책을 골라야 한다. 세상의 모든 책이 시키는 대로 할 수는 없다. 내 인생과 사업에 적용할, 내게 맞는 책을 골라야 한다. 나에게는 세스 고딘의 책, 그가 쓴 모든 책이 보물이었다. 내 사업 성공의 9할은 세스 고딘 덕분이다. 한 번도 만난 적은 없지만 나 혼자는 아주 친근하게 생각하는 그에게 이 자리를 빌려 감사의 말을 전한다.

지금 이 순간 세스 고딘을 처음 알게 된 독자가 있다면 정말 행운아라고 얘기해주겠다. 그것만으로도 이 책의 본전을 뽑은 것이다. 세스 고딘을 만나기까지 수백 권의 책을 거쳐온 나에 비하면 단번에 지름길로 접어들었으니 나한테 술 한잔 사야 한다.

책이 소개해주는 책을 따라가고 또 따라가다 《보랏빛 소가 온다》를 만났다. 그때부터는 세스 고딘의 책을 닥치는 대로 읽기 시작했다. 경영, 마케팅에 대해서 아무것도 모르던 나에게 그는 너무도 쉽고 편하게 그 비밀의 문을 열어주었다.

이 책에서 그의 책을 여러 번 언급할 텐데 너무 지나치다고 생각하지 말아주었으면 좋겠다. 방금 말했듯이 그의 모든 책이 나에게 보물이 됐고, 내가 일으킨 삶의 변화가 그의 보석 같은 문장들에서 비롯됐기 때문이다. 같은 문장을 접하고도 사람마다 감흥이 다르기 마련인데, '아, 고명환은 이렇게 느꼈구나' 정도로 생각해주기 바란다. 더불어 그 문장을 그냥 스쳐 읽었던 사람이 있다면 다시 한번 생각해보는 기회로 삼는 것도 좋지 않을까 싶다.

나는 인생 작전 3번을 실행하기 위해 이왕이면 요리 재능을 살려서 요식업으로 가닥을 잡았다. 세스 고딘의 조언대로 다른 사람들의 아이디어를 빌리기로 했다. 그래서 시간만 나면, 아니 시간이 없어도 어떻게든 짬을 내 전국을 돌아다녔다. 아내(당시엔 애인)와 함께 삼천리 방방곡곡을 누비며 맛있다는 식당을 찾아다녔다.

음식을 먹을 때마다 머릿속은 바삐 돌아갔다. 여긴 왜 유명해졌을까? 맛의 비결이 뭘까? 정말 맛 때문인가, 아니면 이곳 분위기 때문인가? 이 음식이 다른 지역에 가서도 성공할 가능성이 있을까?

음식을 먹고 나면 아내에게 꼭 물어봤다.

"이 메뉴가 수도권에서도 먹힐까?"

그 지역에 있기 때문에 맛있는 음식들은 조심해야 한다. 예를 들어 바닷가에 있기 때문에 맛있는 음식들이 있다. 이런 음식은 바다를 떠나면 그 맛이 나지 않는다. 다른 지방, 다른 나라에서 아이디어를 빌려오거나 아이템을 가져올 때는 추론을 하고 상상을 해봐야 한다. 시장조사를 해야 한다. 내가 하려는 곳에서도 과연 이 아이템이 성공할 것인가? 이런 점을 판단하는 힘 역시 책을 읽으면 저절로 생긴다.

그렇게 아이템을 찾아다니다가 드디어 마산에서 메밀국수를 발견했다. 이거다 싶었다.

간단명료한 아이템이어야 한다

코미디언실에 있을 때, 후배들이 개그 코너 아이디어를 들고 오면 잘될지 안될지 알아보는 방법이 있었다.

"네가 하려는 개그를 한 단어로 말해봐."

후배가 한 단어, 그게 안 되면 최소한 한 문장으로 명쾌하게 얘기한다면 그 코너는 잘된다. 하지만 뭔가 부연설명이 늘어나고 말이 길어지면 그 코너는 안된다. 한 단어로 딱 압축한다는 것은 특징이 분명하고, 그 특징을 당사자가 꿰고 있으며, 자신을 가지고 있다는 뜻이다.

창업을 할 때도 마찬가지다. 내가 하고자 하는 사업을 한마디로 말할 수 있어야 한다. 투자자에게 얘기할 때도 한 단어로 명쾌하게 얘기할 수 있어야 투자받을 가능성이 훨씬 커진다. 세스 고딘의 또 다른 책《이카루스 이야기》에는 '내가 하려는 일을 20장의 슬라이드로 만들어 한 장당 20초 안에 설명할 수 있어야 한다'고 나와 있다. 길어야 400초, 즉 7분 안에 이야기를 끝내라는 거다.

이를 '페차쿠차'라고 하는데 일본말로 '재잘재잘, 시끌시끌'이라는 뜻이다. 영국 건축가들이 동료들 앞에서 자기 작품을 설명하면서 쓰기 시작했는데, 이제는 프레젠테이션 방법으로 널리 쓰이고 있다.

난 가족들을 앉혀놓고 페차쿠차를 했다.

❶ 메밀국수다.

❷ 누구나 배울 수 있다.

❸ 메밀국수는 김밥처럼 대부분의 사람이 좋아한다.

❹ 내가 먹어본 면 가운데 면 상태가 가장 좋은 것이 메밀국수였다.

❺ 면 장사는 면이 제일 중요하다. 그다음이 육수다.

❻ 메밀은 건강을 생각하는 요즘 트렌드와 잘 맞는다.

❼ 메밀국수는 유행을 타지 않는다.

❽ 반찬이 많이 필요한 다른 메뉴와 달리 면 요리는 간단하다.

❾ 식당 경력이 40년이 넘는 엄마가 있다.

❿ 엄마의 솜씨를 이어받은 누나가 함께할 수 있다.

⑪ 나와 함께 가게를 운영해줄 매형이 있다.

⑫ 프랜차이즈 식당이 아니라 내 개성을 살리고 맛을 업그레이드할 수 있다.

⑬ 고양시 인구가 100만 명을 넘는다.

⑭ 일산에서 10년 가까이 방송국 생활을 했기 때문에 일산의 특징을 잘 안다.

⑮ 가게를 오픈할 장소가 엄마 집에서 10분, 누나 집에서 10분 거리에 있다.

⑯ 가게가 넓어서 주방을 안정적으로 꾸밀 수 있다.

⑰ 넓은 주차장이 있다.

⑱ 월세가 부담이 없다.

⑲ 내가 요리를 좋아한다.

⑳ 내가 면을 좋아한다.

이 프레젠테이션을 듣고 우리 가족은 메밀국수 식당을 운영하기로 결정했다.

새로운 사업 아이템이 있다면 가족 앞에서 프레젠테이션해보라. 그러면 저절로 알게 된다. 그 아이템이 나한테 맞는지 안 맞는지.

자, 당신이 지금 기획하고 있는 아이템을 한 단어로 적어보라. 그다음 부연설명으로 짧은 문장을 만들어보라. 그러고 나서는 가족이나 함께할 사람들과 재잘재잘, 시끌시끌한 시간을 가져보라. 실패 요소는 한 가지라도 더 줄어들고 성공 요소는 한 가지라도 더 늘어날 것이다.

결심했다면
실행하라

> 우리 모두 날 때부터 아티스트의 자질을 갖추고 있다는 사실이다. (…) 지금부터 지시만을 기다리는 긴 줄에서 빠져나와 진정한 아티스트의 삶을 시작하자.
>
> _《이카루스 이야기》 중에서

책을 다시 펼쳐보니 문장에 밑줄이 그어져 있고 옆에는 휘갈겨 쓴 글씨로 메모가 되어 있다. 이것만 봐도 내가 이 부분을 읽으면서 얼마나 격정적인 마음이었는지가 새삼 느껴진다.

난 이 책을 읽고 그대로 뛰어나갔다. 엄마와 누나를 데리고 마산으로 내려가 식당 주방에서 메밀국수 만드는 법을 배웠다.

마산으로 내려가는 동안 이런 생각이 들었던 것도 사실이다.

'그래도 명색이 연예인인데…….'

그럴 때마다 저 문장을 생각하며 마음을 다잡았다.

마산에 도착했더니, 아니나 다를까 주방에서 일하시는 분이 내게 물었다.

"아니, 연예인이 왜 이런 일을 배워요?"

"제가 요리하는 걸 좋아해서요."

난 요리를 좋아하는 사람이다. 그리고 책을 읽는 사람이다. 좋아하는 일을 하라고 책에서 계속 얘기한다. 책을 읽고 느끼고 깨달은 바가 있는데 어떻게 행동하지 않을 수 있겠는가.

그렇게 주방에 들어섰다. 처음 하루 이틀은 면을 뽑고 삶고 요리하고 설거지하고 청소하다 서글픈 맘이 살짝 들기도 했지만, 역시 저 문장을 떠올리며 더 열심히 했다. 그랬더니 사흘째부터는 딴생각이 전혀 들지 않고 일에 몰입하게 됐다. 근처에 방 하나 잡아놓고 매일 식당으로 출근해 하루 12시간씩 주방에 있으면서도 힘든 줄 몰랐다.

지금도 엄마랑 누나는 종종 얘기한다. 그때 참 행복했노라고. 남의 식당에서 일당을 받기 위해 일했다면 그만큼 행복할 수 있었을까? 내 가게를 열기 위한 일이라 노래하듯 면을 뽑고 춤을 추듯 국수를 삶지 않았을까.

마산에서 일주일 남짓 메밀국수 만드는 법을 배우고 일산으로 올라왔다. 가게 오픈을 준비하면서 20일 동안 실전과 같이 연습을 했다. 그렇게 한 달 정도 배우고 연습한 후 가게를 열었다. 그리고 2014년 첫해에 6개월간 5억 604만 8000원의 매출을 올렸다. 메르스 때문에 장사하기 힘들었던 2015년엔 6개월간 5억 7647만 6000원, 경기가 그렇게 안 좋았던 2016년엔 6개월간 6억 156만 5000원(드디어 6억 원을 넘었다!)이었다.

참으로 놀랍지 않은가? 2002년에 감자탕집, 2006년에 실내포장마차, 2008년에 스낵바, 2009년에 닭가슴살 사업 모두 망했다. 그런데 또 덤볐고 이번엔 제대로 해냈다.

당신은 지금 앞치마를 두르고 주방에 들어갈 수 있는가? 생각만으로도 창피한가? 그렇다면 당신은 영원히 지시만 기다리는 긴 줄에 서 있어야 한다. 지금 다니고 있는 직장을 때려치우라는 말이 아니다. 그 안에서도 얼마든지 창의적인 일을 할 수 있다. 다만 그 긴 줄에서 빠져나오려면 지금부터 차근차근 준비해야 한다.

일단 하고 싶은 분야의 책을 10권만 사서 읽어보라. 책을 읽고 나서 당장 시작할 수도 있고 그 분야의 책을 더 읽고 싶어질 수도 있다. 어떻게 해야 할지는 책이 알려줄 것이니 전혀 걱정하지 않아도 된다.

언제 어디서 시작할까

언제 가게를 오픈할까? 난 용기를 내서 결혼식 전에 일을 저질렀다. 책을 읽기 전이었다면 분명히 결혼식 이후로 미뤘을 것이다. 아무리 좋은 아이디어가 떠올라도 이번 일만 끝내고, 중요한 일 좀 마무리하고, 지금 신경 쓰는 일만 정리하고 나서 하자며 미루는 게 습관이었으니까. 그런데 정작 그 일들을 끝낸 후 아이디어를 행동으로 옮긴 적은 한 번도 없었다. 일이 모두 끝나서 여유가 생기면 생각도 많아진다. 이리 재고 저리 재느라 타이밍을 놓치고 만다.

내 결혼식은 10월 11일이었다. 만약 결혼식 이후 오픈할 계획이었다면 결혼식을 마치고 이렇게 생각했을 게 틀림없다.

'겨울엔 장사가 안되니까 내년 4월쯤에 오픈하지 뭐.'

그렇게 겨울을 보내고 새해가 되면 분명 이런 생각을 했을 것이다.

'내가 무슨 메밀국숫집이냐? 새해가 됐으니 심기일전해서 개그나 열심히 하자.'

결국 아이디어가 행동으로 이어지지 못한다. 그만큼 용기가 사라지기 때문이다. 생각해보라. 미뤘던 아이디어를 실행한 적이 있는가? 있다면 당신은 대단한 의지의 소유자다. 그런 의지로 책을 읽으면 된다. 당신은 바로바로 선택하고 행동하면서 당신이 좋아하는 일을 하며 돈도 벌게 될 것이다.

> 용기란 죽음에 과감하게 맞서는 영웅적인 자질만을 뜻하는 게 아니다. (…) 자신이 생각하는 바를 말로 표현하고, 그러한 생각을 지키려는 의지를 뜻한다. (…) 이제 우리 자신의 존재를 드러내야만 하는 순간이 찾아왔다.
>
> _《이카루스 이야기》 중에서

언제 사업을 시작해야 할지 모르겠다면 인생에서 중요한 일을 앞두고 시작하기 바란다. 그래야 온 힘을 다하게 된다. 결혼식을 다섯 달 남겨두고 가게를 오픈했더니 정말 그렇게 됐다. 가게가 망하면 결혼도 끝이기 때문이다. 내 아름다운 신부를 생각하면 막중한 책임감에 자다가도 벌떡 일어나졌다. 전 재산을 투자한 가게인데 또 망하면 어떡하지? 날 믿고 결혼을 결심한 그녀를 무슨 낯으로 본단 말인가?

열심히 하지 않으면 안 되는 상황, 떨어지면 끝장인 벼랑으로 날 몰아넣으니 저절로 열심히 하게 됐다. 저절로 열심히 하게 된다는 말은 힘이 덜 든다는 말이기도 하다.

우리는 동시에 여러 가지 일을 할 수 있다. 내가 해보니 정말 그렇다. 겁부터 먹기 때문에 못 할 뿐이다. 결혼을 준비하면서도 사업을 시작할 수 있고, 사업을 시작하면서도 결혼을 준비할 수 있다. 창업을 이미 결심했다면 더는 미루지 말자. 미루다 보면 결국 시작조차 못 한다.

이제 두 번째 질문이 남았다. 두 번째로 어떤 장소에 가게를 열까? 이번에도 책이 시키는 대로 체크해보고 가게 자리를 결정했다.

1 내가 준비한 음식이 그 동네에서 경쟁력이 있을까?

⋯› 일산을 돌아다니며 시장조사를 해봤더니 칼국수 등 면 가게들이 장사가 잘됐다.

2 나와 함께 목숨 걸고 식당을 운영해줄 사람들이 있는가?

⋯› 엄마, 누나, 매형, 그리고 내가 있다. 우리 넷만 있어도 식당은 완벽하게 돌아간다.

❸ 내가 차린 장소에 접근 가능한 사람들의 숫자는 얼마나 되는가?

⋯→ 고양시가 얼마 전에 인구 100만 명을 돌파했다. 2호점, 3호점도 100만 명 이상의 인구가 있는 도시에 차릴 계획이다. 인터넷으로 검색해보면 된다. 인구 100만에 육박하는 곳은 서울과 경기도만 해도 다섯 군데가 넘는다.

❹ 손님들이 편하게 주차할 수 있는 공간이 있는가?

⋯→ 월세에 비해 주차 공간이 매우 넓다. 가게는 무조건 월세가 저렴하고 주차장이 넓은 곳으로 하라고 책에 쓰여 있는데 그 조건에 딱 맞는 곳이다.

여기까지 체크했을 때 이 가게는 무조건 얻어야 한다는 결론을 내리고 계약서에 사인을 했다.

마지막으로 팁 한 가지를 알려주겠다. 지금의 자리에 가게를 열겠다고 했을 때 너무 외진 곳 아니냐는 소리가 많았다. 하지만 난 이미 책이 시킨 대로 체크해보고 확신한 뒤였다.

모두가 찬성할 수는 없다. 반대에 부딪혔는가? 그럼 잘하고 있는 것이다. 우리는 어떤 때 반대하는가? 상대방의 목소리가 너무 높을 때 반대한다. 상대방이 미적지근하게 의견을 얘기하면 반대하지 않는다. 내가 반대에 부딪혔다는 것은 내 의지가 확고하단 얘기다.

프랜차이즈 vs. 내 브랜드

너무 높게 나는 것보다 너무 낮게 나는 것이 훨씬 더 위험할 수 있다. 왜냐하면 '안전하다'는 착각을 주기 때문이다. 우리는 낮은 기대와 소박한 꿈에 만족하고, 자신의 능력을 과소평가하면서 안전하다는 느낌 속에 살아간다.

_《이카루스 이야기》 중에서

안전하다는 착각이 우리를 위험에 빠뜨린다. 역설적으로, 위험하다고 생각해야 안전해진다. 난 이 부분을 읽고는 편하고 탄탄한 대형 브랜드의 프랜차이즈에 대한 생각을 접었다.

대형 브랜드는 유명하다. 시작하자마자 인지도가 생기고 손님을 수월하게 끌어모을 수 있다. 하지만 내 맘대로 할 수 있는 게 없다. 이에 반해 소형 브랜드는 인지도가 낮다. 시작할 때 광고를 많이 해야 한다. 대신, 내가 할 수 있는 부분이 많다. 내 스타일대로 색깔을 입힐 수 있으며, 내 노력이 성과에 큰 영향을 미친다.

안전하다는 건 지루하다는 뜻이기도 하다. 이미 매뉴얼이 다 짜여 있기 때문이다. 그림을 매뉴얼대로 그린다고 생각해보라. 감동이 있겠는가? 내 창의력과 열정이 담겨야 살아 있는 작품이 된다. 대형 프랜차이즈에는 내 영혼이 들어갈 자리가 없다.

탄탄하고 안전한 대형 프랜차이즈 가운데 사람들이 가장 많이 생각하는 것이 편의점과 치킨집이다. 편의점이나 치킨집을 하면 안 된다는 소리가 아니다. 지인 가운데는 편의점을 운영하다가 독립해서 자신만의 브랜드를 만들어 몇 개의 직영점을 운영하는 분도 있다. 이렇게 발전해가야 한다. 우리는 자신의 능력을 너무나 과소평가하며 겸손하게 사는 데 익숙해져 있다.

치킨집을 운영한다면 나만의 조리법을 만들어서 독립할 수 있어야 한다. 그런 미래 설계가 있어야 현재 닭 튀기는 일이 힘들지 않다. 그런데 동네에 치킨집이 많다면 치킨집은 하지 말자.

가장 좋은 경영 형태는 뭐니 뭐니 해도 독점이다. 뭐하러 힘들게 경쟁하는가? 독점해버리자.

이미 너무 많이 퍼져 있는 아이템은 경쟁을 할 수밖에 없다. 그런 아이템 말고 내가 할 수 있는 업종 가운데 최대한 독점할 수 있는 아이템을 찾아보자. 반드시 있다.

얼마 전에 완도와 여수, 통영을 다녀왔다. 건강에 좋은 아이템들이 정말 많았다. 우리가 아직 먹어보지 못한 해조류, 해산물이 가득했다. 건강한 먹을거리는 반드시 성공한다. 일단 한번 가보라. 완도에 가면 해조류 비빔밥을 꼭 먹어보고, 통영에 가면 현지인들이 다니는 골목 깊숙이 들어가 보자. 인터넷으로 검색해 소문난 곳만 찾아가지 말고 현지에서 직접 관찰해 선택해보자. 엄청난 아이템들이 반짝반짝 빛나고 있을 것이다.

그중에서 보석을 찾아내면 된다. 너무 서두르지 말고 천천히 시간을 두고 찾아보자. 주말이면 전국을 누비며 찾아보고 휴가 때는 해외에 나가 찾아보자.

독점을 하기 위해서는 온전히 나만의 것을 갖고 있는 게 제일 좋다. 만약 프랜차이즈를 생각하고 있다면 100퍼센트 매뉴얼대로 해야 하는 일 말고 절반 이상은 내 재량대로 할 수 있는 일을 선택해보자.

나 역시 그렇게 해서 좋은 결과를 얻었다. 지금 내 가게에서 팔고 있는 메뉴들은 마산에서 배워 왔지만, 매뉴얼 그대로 조리하지 않고 서울·경기 스타일로 맛을 업그레이드했다. 반응이 좋다.

매뉴얼만 따를 것인가, 아니면 나의 색깔을 입힐 것인가. 선택은 당신 몫이다.

사장이 다 할 줄 알아야 한다

난 감자탕집을 운영하면서 감자탕 끓이는 법을 몰랐다. 실내포장마차를 운영하면서 안주를 만들 줄 몰랐다. 스낵바를 운영하면서 분식 몇 가지만 겨우 할 줄 알았다. 닭가슴살 사업을 하면서 원가의 중요성을 몰랐다. 네 사업 모두 망했다.

> "나는 항상 디테일의 중요성을 강조한다. 훌륭한 경영자가 되려면 반드시 가장 기본적인 일부터 완벽하게 챙길 줄 알아야 한다."(레이크록, 맥도널드 창업자)
>
> _《디테일의 힘》 중에서

지금은 처음부터 끝까지 다 할 줄 안다. 메밀가루를 반죽하고 면을 뽑아 삶고 육수를 끓이고 만두를 찌고 김치도 담근다. 모든 식자재 값을 결제하고 직원들 월급을 지급하고 4대 보험과 세금 관련 업무도 모두 알고 있다. 마케팅과 홍보도 내가 한다. 난 하나부터 열까지 모두 알고 있다.

예전에는 '식당? 그냥 열심히 운영하면 되는 거 아냐? 음식 만드는 건 사람 써서 하면 되고'라고 생각했다. 나만 그런 게 아니다. 사람들 대부분이 그렇게 생각한다.

메밀국수 식당을 여느라 위생 교육을 받으러 갔을 때 보니 커피숍을 오픈하기 위해 온 사람들이 정말 많았다. 물론 장인정신을 가지고 커피숍을 시작하는 사람도 있겠지만 커피숍은 왠지 쉬울 것 같아서, 뭔가 낭만적이고 향기롭고 우아할 것 같아서 시작하는 사람도 많다. 커피는 본사에서 대주는 거 쓰면 되고, 일은 아르바이트생 몇 명 고용하면 그들이 다 할 테고, 주인이 할 게 뭐 있나 싶을 것이다. 하지만 커피숍을 운영하고 있는 사람들에게 물어보라. 정말 그렇게 쉬운지.

주인은 하나부터 열까지 다 할 줄 알아야 한다. 그렇게 하지 않을 거라면 절대 창업하면 안 된다. 책이 그렇게 가르쳐줬다. 식당을 한다면 음식을 만들 줄 알아야 하고, 가게에서 일어나는 일의 전 과정을 꿰고 있어야 한다. 난 내 가게에서 손님과 똑같이 주문을 하고, 돈을 내고, 음식이 나오기를 기다리고, 얼마나 맛있을지 기대하며 젓가락을 들고, 반찬이 부족하면 더 가져다 달라고 해본다. 일단 굉장히 재미있다. 내 가게지만 낯설게 느껴진다. 손님 입장에서 음식의 맛과 양, 직원들의 서비스를 체크해보기 위해서인데 이렇게 해보면 어떤 점을 개선해야 하는지가 쉽게 보인다.

또 내가 면을 뽑다 보니 면을 먹어보면 반죽이 진지 된지 금방 알 수 있다. 손님들이 음식을 많이 남기고 간 테이블이 있으면 꼭 가서 이것저것 체크해본다. 그러면 문제가 뭔지 바로 보인다.

전 과정을 알아야 한다는 건 사실 너무도 당연한 소리다. 그런데도 이를 알지 못한 채 창업하는 경우가 많다. 프랜차이즈를 선호하는 이유도 그 때문이다. 모든 걸 만들어서 가져다주고, 이미 정해진 매뉴얼이 있어 그대로만 하면 되니까. 하지만 프랜차이즈 창업을 하더라도 주인이 반드시 할 줄 알아야 한다. 주인이 닭을 튀길 줄 알아야 한다. 누구를 시켜서 될 일이 아니다. 그렇지 않다면 왜 똑같은 브랜드의 프랜차이즈임에도 성공하는 사람이 있고 실패하는 사람이 있겠는가.

기준을 세우고 흔들리지 마라

처음 가게를 오픈하면 이런저런 비평이 많이 나온다. 이때 흔들리지 않고 중심을 잡을 수 있는 사장은 드물 것이다. 나도 마찬가지였다. 식당을 열고 얼마 안 됐을 때 한 손님이 메밀국수가 짜다고 했다. 난 주방으로 쪼르르 달려갔다.

"육수가 짜다는데요? 좀 싱겁게 해주세요."

내 음식이 짜구나, 이거 큰일 났다 싶었다. 그때《이카루스 이야기》에서 읽은 내용이 떠올랐다.

그들은 비평가일 뿐이며, 비평가들은 매번 틀리기 마련이다. 비평가들이 더 훌륭한 작품을 내놓으라고 요구한다면 그런 비판은 귀담아들을 가치가 있다. 그러나 작품을 좀더 무난하고 이해하기 쉽게 만들라는 요구는 신중하게 걸러서 들을 필요가 있다.

_《이카루스 이야기》 중에서

비평가들의 얘기를 모두 수용할 필요는 없다. 사실 많은 책에서 같은 얘기를 한다. '손님 몇 명의 말에 절대 휘둘리지 말 것.' 백종원 씨가 쓴《무조건 성공하는 작은 식당》에도 나오는 말이다.

물론 모든 사람이 짜다고 하면 싱겁게 바꿔야 한다. 많은 사람이 짜다고 해도 싱겁게 바꿔야 한다. 여러 사람이 짜다고 얘기하면 생각을 해봐야 한다. 하지만 몇 사람이 짜다고 하면 바꿀 필요는 없다.

요즘은 건강을 생각해서 싱겁게 먹는 사람들이 워낙 많다. 대다수에게 싱겁게 느껴지는 음식도 그런 사람들 입맛엔 짤 수 있다. 그런데 또 싱겁다는 건 맛이 없다는 말일 수도 있다. 이런 비평들을 모두 반영하다 보면 주방에서도 힘들어한다. 맛의 기준을 만들어야 한다. 요즘은 좋은 염도계가 많다. 간이 맞는 음식이야말로 맛있는 음식이다.

가게를 처음 시작하면 손님의 반응에 흔들릴 수밖에 없다. 특히 장사가 안될 때는 더 흔들린다. 예전에 감자탕집을 할 때였다. 손님 네

명이 왔다가 한 명이 "난 감자탕 못 먹어" 하니까 앉으려다 말고 모두 나가버렸다. 다음 날 나는 감자탕 못 먹는 손님을 위해 양푼이 비빔밥을 메뉴에 추가했다. 또 어느 해 여름엔 감자탕을 먹고 난 손님이 "입가심하게 시원한 냉면이 있으면 좋겠는데"라고 하기에 물냉면을 추가했다.

그 뒤로도 몇몇 손님의 요구에 따라 삼겹살도 팔고 항정살도 팔았다. 그런데 메뉴가 늘어갈수록 손님은 줄어들었다. 이해할 수 없었다. 요구를 충실히 반영했는데 왜 손님이 줄어들까?

나중에야 그 이유를 알았다. 손님들 입장에서 감자탕은 전문점에서 먹고 싶은 음식이다. 그런데 그때 내 가게는 감자탕집도 냉면집도 삼겹살집도 비빔밥집도 아니었다. 감자탕집에 "그 집은 냉면을 잘해" 하면서 냉면 먹으러 가겠는가?

난 요즘 자주 다니는 식당들이 메뉴를 추가하기 시작하면 '이 집이 장사가 안되는구나', 메뉴를 계속 추가하면 '곧 문을 닫겠구나' 생각한다. 그 예측은 거의 맞아떨어진다. 생각해보라. 기존의 메뉴로 장사가 잘된다면 왜 굳이 새 메뉴를 내놓겠는가?

물론 같은 계열이면 상관없다. 국숫집에서 원래 잔치국수와 비빔국수만 팔았는데 열무국수를 출시하는 건 괜찮다. 그런데 해물탕집에서 여름에 갑자기 냉면을 파는 게 문제다. 여름만 되면 '냉면 개시'라고 써서 붙여놓는 식당이 많다. '냉면 개시'는 곧 '우리 가게 장사 안돼요'의 다른 표현이다.

해물탕집에서 냉면 개시를 하면 그 냉면이 맛있을까? 제대로 된 냉면을 만들어내려면 해물탕을 만드는 주방 집기만큼의 기구가 필요하다. 그런 기구가 없다면 그 냉면은 십중팔구 완제품을 받아서 내놓는 것이다. 이런 냉면이 꾸준하게 잘 팔릴 리가 없다. 괜히 해물탕 전문점의 색깔만 퇴색시킨다. 잘 판단해야 한다.

우리 가게에서도 돈가스를 판다. 일종의 어린이 메뉴인데 어른들한테도 잘 팔린다. 이것이 메밀국수 전문점이라는 고유의 색깔을 해치는지는 아직 판단 중이다.

결국 잘되는 식당은 메뉴가 점점 줄어들어 나중에는 한 가지만 판다. 안되는 식당은 메뉴만 늘어나다가 문을 닫는다. 잘되는 식당은 메인 메뉴 하나 팔기도 바쁘기 때문에 다른 메뉴를 만들 겨를이 없다.

핵심은 손님들 말에 휘둘리지 말아야 한다는 것이다. 주변 사람들에게 물어봐도 헷갈리기만 한다. 사람마다 다 다르기 때문이다. 그럴 땐 책을 읽으면 된다. 그동안 책을 읽어오면서 믿음이 생긴 작가의 말을 내 장사에 대입해보는 것이다. 바로 이런 말이다.

> 그들 모두를 만족시킬 수는 없다. (…) 관객의 반응은 우리 것이 아니

다. 그들 자신의 것이다. 우리 것은 오로지 작품뿐이다.

_《이카루스 이야기》 중에서

분명한 기준을 세우고 내 작품을 만들어야 한다. 난 '이 맛이다' 생각하면 그때부터 똑같은 맛을 만들어내는 데 초점을 맞췄다. 식당을 운영하는 사람에게는 맛을 일정하게 유지하는 능력이 가장 중요하다. 사장이 늘 직접 맛을 보고 중심을 잡고 맛을 유지해야 한다.

그렇게 했더니 식당을 오픈한 지 6개월쯤 지나자 신나게도 비평들이 사라졌다. 그래서 주방 시스템도 안정적으로 돌아갔다. 이때부터는 말이 없는 손님을 더 무서워해야 한다. 요즘은 맛이 없으면 조용히 숟가락을 놓고 나간다. 그리고 다신 오지 않는다.

맛이 없어서 숟가락 놓고 나간 테이블은 딱 보면 안다. 테이블에서 찬바람이 분다. 이런 테이블은 빨리 분석을 해봐야 한다. 음식을 많이 남기고 간 테이블이 있으면 난 메인 메뉴부터 반찬뿐 아니라 음식 외의 요소, 즉 앞 접시, 숟가락, 젓가락, 물컵, 의자까지 꼼꼼하게 살펴본다. 그러다 보면 점점 촉이 생기고 나중엔 뭐가 손님 마음에 안 들었는지 한눈에 보인다. 만약 어떤 메뉴 하나가 연속적으로 많이 남는다면 그 메뉴는 뭔가 잘못된 것이다. 이럴 때 바꿔야 한다.

육수는 직접 끓여라

보통 스시바에서는 전기밥솥으로 밥을 한다. 안전하고, 확실하고, 저렴하고, 쉽기 때문이다. 이렇게 해도 정말 맛있는 밥을 지을 수 있다. 그러나 가격이 두세 배 더 비싼 고급 스시바에서는 (…) 가스불과 타이머로 밥을 짓는다. 중요한 차이점은 가스불로 짓는 밥은 항상 똑같지 않고, 정확하게 예측할 수 없다는 것이다. 가스불로 맛있는 밥을 짓기는 훨씬 더 힘들다. 더 많은 시간과 관심 그리고 기술이 필요하다. 그러나 '훌륭한' 밥은 늘 똑같은 전기밥솥으로는 안 되고 가스불을 써야만 만들 수 있다. 위험을 무릅쓰지 않고서는 소중한 가치를 만들어낼 수 없다.

_《이카루스 이야기》 중에서

작품에 대한 비평 가운데는 수용할 필요가 없는 것이 있고 꼭 수용해야 하는 것이 있다. 내 경우에는 육수가 그랬다. 메밀국숫집을 처음 열고 한동안은 매일 직접 육수를 끓였다. 해본 사람은 알겠지만 정말 힘들다. 그러던 중 물에 타기만 하면 되는 완제품 육수가 있으니 힘들면 한번 써보라는 주변의 권유가 있었다. 귀가 솔깃했다. 먹어보니 맛도 90퍼센트 비슷했다. 이 정도면 괜찮지 않을까 싶어 완제품 육수를 들여왔다.

매일 육수를 끓이지 않아도 되니 편하고 좋았다. 그런데 시간이 지날수록 육수 맛이 좀 허전하다고 말하는 손님들이 점점 늘어났다. 음식은 정성이다. 한 사람 한 사람 그냥 뚝딱 먹고 돌아가는 것 같지만, 손님들은 맛을 정확히 안다. 완제품으로 만들어진 육수는 누구나 쓸 수 있다. 당연하게도 가게마다 맛이 똑같아진다. 꼭 우리 가게에 와서 드시라고 주장할 만한 근거가 없어진다. 그건 정말 염치없는 짓이다.

생각해보니 직접 육수를 끓이는 일은 힘든 게 아니고 가장 쉬운 방법이었다. 내가 끓이는 육수는 내 가게에서만 맛볼 수 있는 육수다. 똑같이 끓인 육수를 공급받아 똑같은 맛으로 장사하면 다른 마케팅을 얼마나 많이 해야 하고, 그건 또 얼마나 힘들고 위험한가?

가장 확실한 방법은 직접 끓이는 것이다. 귀찮고 힘들지만 이게 정답이다. 귀찮고 힘들어서 남들은 하지 않기 때문이다.

커피 로스터로 일하는 지인이 있다. 커피 로스팅에는 직화식과 열풍식이 있다고 한다. 말 그대로 불로 직접 볶느냐 뜨거운 바람으로 볶느냐의 차이이다. 불로 직접 볶으면 옆에서 계속 지켜봐야 하고 실패할 확률도 높다. 반면 열풍식은 타이머만 맞춰놓으면 그동안 다른 일을 할 수 있고 실패할 확률도 낮다. 그런데 이 친구는 직화식만 고집한다. 어렵고 힘들지만 그렇게 해야 커피콩에 자신의 생각을 담을 수 있다고 한다. 10년 후 이 친구는 어떻게 돼 있을까? 그 정도 고집이면 업계에서 몇 손가락 안에 드는 인물이 되어 있으리라 본다.

나도 다시 직접 육수를 끓이기로 마음먹었다. 그런데 살짝 고민이 됐다. 육수를 직접 끓이는 집의 냉면은 대부분 1만 원이 훌쩍 넘는다. 내가 자주 가는 집은 냉면 한 그릇에 1만 2000원이다. 우리 가게 메밀국수는 7000원이다. 직접 육수를 낸다면 가격을 올려야 하는 거 아닐까? 이 고민에 대한 답도《이카루스 이야기》에서 발견했다.

> 사람들이 진정으로 바라는 것은 기대를 넘어서고 희귀하고 가치 있는, 한마디로 대체할 수 없는 무엇이다.
>
> _《이카루스 이야기》 중에서

그래, 7000원짜리 메밀국수인데 육수를 직접 끓이는, 사람들의 기대를 넘어서는 음식을 만들자! 가격을 올리지 않고 난 다시 육수를 끓이기 시작했다. 심지어 기존 육수에 재료를 한 가지 더 추가해서 건강에도 좋고 더욱 감칠맛이 나도록 업그레이드했다.

본사에서 끓여 배송해주는 육수로 장사하면 편하다. 하지만 편한 만큼 이윤도 적다. 내가 정성 들여 끓여야 한다. 맛도 맛이지만, 공장에서 대량으로 만드는 육수와 주인이 직접 끓이는 육수 중 어느 쪽이 더 건강에 이롭겠는가?

건강한 음식은 점점 더 인기를 끌게 될 것이다. 흐름이 그렇다. 고령화가 급속히 진행되고 있다. 나이를 먹을수록 건강한 음식을 찾을 수밖에 없다. 이미 일본이 그렇게 흘러가고 있다. 일본에서 출간되는 책들을 보면 알 수 있다. 그러니 국수나 냉면 같은 업종을 선택하려는 사람은 무조건 육수를 직접 끓이겠다고 마음먹어야 한다.

물론 때로는 고통스럽다. 이럴 땐 즐겁게 일하는 방법이 있다. 누군가를 위해 몰래 요리를 해놓고 그 사람이 오기를 기다려본 적이 있는가? 요리할 때 기분이 어땠는가? 해본 사람은 안다. 눈곱만큼도 힘들지 않다. 오히려 요리하는 내내 즐겁고 얼굴에서 미소가 떠나지 않았을 것이다.

일을 이렇게 하면 된다. 돈을 벌겠다는 목적은 잠시 접어두고 누군가를 놀라게 해주겠다고 생각해보라. 부모님을, 애인을 놀라게 해주겠다는 마음으로 일을 해보자. 내가 지금 이 책을 즐겁게 쓸 수 있는 건 가족들에게 아직 비밀로 하고 있기 때문이다. 특히 아내에게 "짠! 나 책 썼어"라고 하는 장면을 상상하면서 혼자 즐거움을 누리고 있다. 아마 아내는 "가게 운영하기도 바빴을 텐데 책은 또 언제 쓴 거야? 당신 정말 멋쟁이야"라고 말하며 활짝 웃을 것이다. 그 생각을 하면 글이 절로 써진다.

가게 운영도 마찬가지다.

"이번 달에도 매출이 1000만 원이나 늘었어."

이런 말이 하고 싶어서 한 달 내내 고민하고 한 그릇이라도 더 팔기 위해서 뛰어다닌다. 그런 나 자신을 보는 게 행복하다.

진심이 경쟁력이다

소비자의 힘은 그 어느 때보다 강하다. 그들을 무시하는 방식은 통하지 않는다. 정보가 다양한 경로로 소통된다는 사실은 거짓되게 사는 것이 거의 불가능하다는 것을 의미한다. 진정한 스토리만이 널리 퍼져나가고 살아남는다. (…) 블로그가 중요하다. 성장하고 싶다면, 블로그를 읽는(그리고 쓰기도 하는), 정보에 목마른 아이디어 공유자들과 접촉하라. (…) 오래 머물지 않을 저들의 관심을 붙들라.

_《이제는 작은 것이 큰 것이다》 중에서

완도의 지인에게 매생이를 사 오고, 통영에서 굴 양식하는 친구에게 굴을 사 오고, 매일 아침 면을 뽑고, 신선한 재료로 육수를 끓이고……. 그 모든 일을 직접 하기에 메밀국수 맛에는 자신이 있었다.

이제 어떻게 보다 많은 사람에게 우리 메밀국수를 알리느냐가 과제였다. 그래서 책에서 시키는 대로 블로그 사용자들과 접촉하기 위해 블로그들을 찾아보았다. 그러던 중 요즘 웬만한 지역에는 그 지역 이름 뒤에 '아지매', '아줌마', '맘', '엄마'가 붙은 블로그나 카페들이 있다는 걸 알게 됐다.

이런 곳과 제휴하면 카페 내에서 홍보를 할 수 있다. 우선 다른 식당들이 어떻게 홍보하고 있는지 자세히 살펴봤다. 하나같이 비슷한 얘기를 하고 있었다. 가게와 음식 사진을 올려놓고 '정말 맛있다', '가격이 싸다', '가게 분위기가 좋다' 같은 말만 하는 것이다. 난 이게 마음에 안 들었다. 세스 고딘의 말을 빌리자면 정말 '지루한 광고'다. 그 점을 자신들도 알기 때문에 한 달에 10개도 못 올린다.

어쨌든 난 '일산아지매'와 '파주맘'을 발견했다(당시 회원 수가 각각 16만 명, 14만 명에 달했다). 대박! 보물섬을 발견한 기분이었다. 아지매와 맘 회원들만 30만 명. 여기에 남편 숫자를 더하면 60만 명, 자녀 한 명을 더하면 90만 명, 아지매와 맘들의 부모 중 한 명만 더해도 120만 명이다. 무려 120만 명에게 영향을 끼칠 수 있는 카페라는 소리다.

이 카페들을 내 편으로 만들자고 결심했다. 내 편으로 만드는 방법은? 책에 있지 않은가? 거짓되게 하지 말고 진정한 스토리를 남겨 관심을 붙들라고. 그러려면 진심으로 카페를 위해야 한다. 이 대목에서 문득 카사노바가 떠올랐다. 역사상 최고의 바람둥이 카사노바, 그가 수많은 여인에게 사랑받을 수 있었던 비법은 무엇일까. 그 비법은 역시 진심이었다. 비록 수많은 여인을 만났지만 만나는 동안에는 진심으로 그 여인을 사랑했다고 한다.

나도 일산아지매와 파주맘을 진심으로 사랑했다. 어떻게 하면 애인에게 점수를 딸 수 있을까 고민하듯이 이분들에게 사랑받기 위해 열심히 고민했다. 우선은 나를 알려야 하니, 글을 올리기로 했다. 어떤 내용으로 할까를 또 열심히 고민한 끝에 이렇게 썼다. 2014년 12월 25일 밤 일산아지매에 올린 글이다.

오늘 하루 뜨겁게 보내셨나요?

아이 엄마로, 남편의 아내로, 시부모의 며느리로 지내지는 않으셨나요?

가끔 온전히 나로 살고 싶다고 얘기하세요. 애들이 먹고 싶은 거, 남편이 먹고 싶은 것만 먹지 마시고 당당하게 얘기하세요.

"나 비빔메밀 먹고 싶어. 한 그릇 오롯이 다. 내 거 뺏어 먹지 마!"

이렇게 외치세요.

그러지 않으면 내가 누군지 까먹게 돼요. 우리 모두 나를 찾아보아요! 파랗게 시린 겨울 하늘을 향해 두 손을 입에 모으고 외쳐봅시다.

"난 나야, 18!"

글을 올리자마자 댓글이 엄청나게 달렸다. 특히 "난 나야, 18!"이라고 댓글을 따라 외치는 분들이 많았다. 속이 시원하다고 했다.

난 위로의 말을 해주고 싶었다. 모두 들떠 있는 크리스마스지만 아이 키우는 엄마들은 전쟁 같은 하루를 살며 힘들어하고 있었다. 그런 글들을 너무 많이 읽었다. 육아에 지치고 무심한 남편에 지치고 시댁 스트레스에 지친 그녀들을 위로하고 싶었다. 이왕이면 웃음을 담아서. 그래서 내 가게 메뉴 중 비빔메밀을 가져다가 썼다. 난 이런 유머가 좋다. 개그를 20년 넘게 하면서 깨달은 유머 코드다.

내가 쓴 글에 내가 빙그레 웃었다. 책을 읽지 않았다면 절대 이런 글을 쓸 수 없었을 것이다. 글쓰기 방법을 가르쳐주는 책을 읽어보면 한목소리로 하는 얘기가 진심을 써야 한다는 것이다. 진심인지 아닌지 독자들은 다 안다. 이 사람이 정말 나를 위로하는지, 아니면 그저 위로하는 척하는지 대번에 안다. 그리고 진심이 통하는 순간, 같은 편이 된다. 서로의 팬이 된다.

난 이날 댓글을 단 모든 분에게 한 명도 빠짐없이 댓글을 달았다. 네 시간 동안 100개 가까이 썼다. 짧은 댓글들이지만 그 하나하나에는 마음이 담겨 있다. 그러니 내가 어떻게 외면할 수 있겠나. 나중에 한 분이 이제 됐으니까 그만 주무시라고, 그래야 내일 또 메밀국수 팔 거 아니냐고 해서 스마트폰을 내려놓고 잤다.

가장 싸고 효과 좋은 홍보 전략

재물복은 곧 인복입니다. (…) 제가 몸담고 있는 공동체에서는 15년 이상 하루 두 끼 밥을 제공하고 있습니다. 한 끼당 2000원의 밥값을 받는데, 주방은 늘 흑자입니다. 공부하는 청년들을 위해 많은 분들이 쌀과 식재료들을 보내주기 때문입니다. (…) 아무리 밖에서 재물을 일구는 활동을 열심히 하더라도 이렇게 사람이 모이고 그들에게 호의를 베푸는 인복이 우선하지 않으면 소용없습니다. 장사를 하든 사업을 하든 드나드는 사람들로 넘쳐나야 무엇이 되어도 된다는 뜻입니다. (…) 진정한 성공을 위해서는 사람을 모으는 능력이 우선되어야 합니다.

_《나는 누구인가》 중에서

이 부분을 읽고 무릎을 탁 쳤다. 그래, 사람을 모아야 한다. 처음엔 단순히 전단을 돌리고 텔레비전에 광고하고 가격 할인을 해서 사람을 모아야겠다고 생각했다. 그렇지만 이 책을 읽고 생각을 고쳤다. 우선 우리 가게에 오는 사람들이 정말 기분 좋게 돌아갈 수 있게 해줘야겠다는 생각이 들었다.

고객들에게 도움이 되는 일 가운데 내가 할 수 있는 게 무엇인지 생각해봤다. 특히 카페의 주요 회원인 주부들이 뭘 좋아할까를 생각해봤다. 가장 먼저 떠오른 것이 커피였다.

'요즘 커피 싫어하는 사람 없지.'

'집에서도 직접 내려 마시던데.'

'드립커피 맛있게 내리는 법을 알려주자.'

'그래, 무료 바리스타 체험 이벤트를 열면 되겠다.'

이런 생각의 흐름을 따라 최종적으로 바리스타 체험 이벤트를 하기로 마음먹었다. 가게를 오픈할 때 얼굴을 익힌 이웃 가게의 젊은 바리스타가 떠올랐다. 그 친구에게 약간의 강의료를 줄 테니 드립커피 맛있게 내리는 법을 강의해달라고 했다. 그는 케이크도 준비하겠다면서 자기가 더 신이 났다.

일산아지매에 '무료 바리스타 체험 원하는 분'이라는 제목으로 글을 올렸다. 댓글들이 난리가 났다. 선착순 다섯 명 안에 들지 못한 사람들은 다음에 또다시 해달라고 했다. 성원에 힘입어 열심히 준비를 했다. 자료도 프린트하고 칠판도 준비하고 처음 강의를 하는 바리스타 친구에게 호감 가게 말하는 방법도 연습시키고 강의안도 같이 짰다. 커피의 역사, 종류, 커피나무의 생태와 집에서 키우는 방법 등을 이야기한 후 마지막엔 다 함께 드립커피를 내려보고 서로 맛을 비교해보는 시간을 가지기로 했다.

첫 번째 이벤트가 성공리에 마무리됐다. 참가한 분들은 매우 만족해하면서 사진을 찍어서 카페에 올리고 후기도 남겨줬다.

ㄴ 메밀국수만 맛있는 게 아니고 바리스타 체험도 재밌게 시켜주네요.

후기에 댓글들이 또 달렸다.

ㄴ 어머, 정말요? 저도 한번 가봐야겠어요.

ㄴ 정말 신선하네요. 메밀국수 가게에서 커피를 가르쳐주다니.

ㄴ 식당 홍보만 하는 게 아니고 진짜 우리한테 도움이 되는 프로그램을 운영해주셔서 감사해요.

진심과 사랑하는 마음이라는 두 가지만으로 16만 명의 회원이 드나드는 카페에 홍보를 한 것이다.

커피 외에 엄마들이 좋아하고 도움이 될 만한 게 또 뭐가 있을까? 바로 생각났다. 다이어트! 난 다이어트 책을 낸 적이 있다. 다이어트 강의도 많이 다녔다. 엄마들의 최대 관심사 가운데 하나가 바로 다이어트다.

다이어트 강의는 오전에 손님이 없는 시간을 이용해 우리 식당에서 했다. 10시 30분에 시작해서 11시 45분쯤 끝나는데 한번 할 때마다 20명 정도가 왔다. 강의가 끝나면 한 분도 빠짐없이 식사를 하고 갔다. 당연하다. 강의가 끝나면 바로 점심시간이고, 앉아 있는 곳이 때마침 식당이며, 식당 주인이 무료로 강의도 해주지 않았는가. 식사를 안 하고 갈 수 없다. 점심 먹을 시간이 안 되는 분들은 포장을 해 가거나 아니면 다음 날 "어제 그냥 가서 너무 미안했어요"라며 가족이나 친구 등 손님들을 데려왔다.

이 대목에서 "고명환, 넌 그런 책이라도 냈으니까 강의를 하지만 난 뭘 하냐?"라고 물어보는 사람도 있을 것이다. 정말 할 게 없을까? 뭔가 대단한 것만 찾으려 하지 말고, 시간을 들여 곰곰이 생각해보자. 강의를 할 수 있는 분야가 누구에게나 반드시 있다. 예를 들어 식당이면 무조건 요리 강습을 할 수 있다. 영양 듬뿍 이유식 만들기, 아이들도 잘 먹는 채소 요리, 당뇨병에 좋은 건강 식단, 다이어트를 위한 저

칼로리 조리법, 내 아이를 위한 예쁜 도시락, 뚝딱 만드는 간단한 술안주, 다이어트에 효과적인 요리 교실, 우엉차 만들기 교실 등 생각해보면 정말 많다. 직접 하기가 어렵다면 주변에서 사람을 찾아보면 된다. 하겠다는 의지가 중요하다.

나는 강의 말고도 내가 가진 재주를 적극적으로 활용해 카페 회원들에게 기쁨을 주기로 했다. 그래서 회원들이 쓴 감동적이고 재미있는 글 가운데 하나를 뽑아서 돌잔치 사회를 봐주기로 했다. 나를 돌잔치 사회자로 부르면 100만 원 이상 줘야 한다. 이걸 무료로 서비스하는 이벤트다. 그런데 돌잔치는 뭐 하는 날인가? 사진을 많이 찍는 날이다. 무료 돌잔치 이벤트가 끝나면 아이 엄마가 사진을 엄청나게 올린다. 그러면 또 댓글이 달리면서 내 메밀국숫집에 대한 얘기들을 한다. 사진은 돌잔치인데 댓글은 메밀국수다.

진심으로 고객을 위하고 감동을 주어야 한다. 오로지 내 가게 매출을 올리기 위해 얄팍한 수법을 쓴다면 역효과만 난다. 진심에 감동한 고객들은 자발적으로 당신을 홍보해줄 것이고, 당신의 가게는 사람들로 넘쳐날 것이다. 인복이 넘치면 재물복은 저절로 넘친다.

내 입으로 말하지 말고 고객들이 말하게 하라

"우리 집 비빔메밀 진짜 맛있어요."

"맛이 끝내줘요."

"모두들 맛있다고 하네요."

내가 아무리 이렇게 떠들어봐야 효과가 없다. 하지만 그런 얘기가 고객들 입에서 나오면 효과가 크다. 그것이 입소문이다.

책에도 그렇게 나와 있다. 내 입으로 내 상품이 좋다고 말할 게 아니라 고객이 직접 말하게 하라고. 내가 사랑하는 세스 고딘의《보랏빛 소가 온다》를 보면 '스니저sneezer'라는 용어가 나온다. 원래는 '재채기

하는 사람'이란 뜻인데 말하지 않고는 못 견디는 사람을 의미한다. 큰 돈을 들인 광고보다 스니저들을 통한 입소문이 몇 배 더 강력하다.

그래서 나도 그렇게 해보기로 했다. 그러려면 말하지 않곤 못 배길 얘깃거리를 만들어야 했다. 그래서 생각한 것이 작사, 그러니까 노래를 만드는 것이다. 메밀국숫집에서 작사하는 법을 가르쳐준다고 하면 좋은 얘깃거리가 될 것 같았다.

대부분의 사람에겐 작사에 대한 로망이 있다. 왠지 울적하고 센티멘털해지는 밤, 내가 발라드곡을 쓰고 백지영이 노래를 부르면 대번에 가요계를 평정할 것 같은 느낌이 든다. 작사, 얼마나 근사한가.

난 대학원에서 뮤지컬 극작을 전공했다. 작사하는 법을 배웠다. 당장 행동에 나섰다.

[작사 배우고 싶으신 분들 오세요. 선착순 20명!]

이것도 난리가 났다.

ㄴ 친구랑 같이 갈게요.

ㄴ 남편이랑 같이 갈게요.

ㄴ 오호, 메밀국수 가게에서 작사를!

댓글이 잇따라 달렸다.

우리는 열정적으로 수업을 했고 〈내 남편〉이라는 발라드곡을 공동으로 만들었다. 작곡은 나와 함께 뮤지컬 수업을 하는 파트너인 박현진이 무료로 해줘서(주변의 재능 있는 사람에게 무조건 도움을 받아야 한다) 완성된 곡을 일주일 후 카페에 올렸다. 같이 작업한 분들은 물론이고 다른 회원분들까지 좋아했다.

집에 있는 피아노로 반주를 하며 직접 불러봤다는 댓글도 있었다. 가장 마음에 드는 댓글은 "고명환 씨 덕분에 우리 카페가 수준이 높아진 것 같아요. 우리가 작사라니"였다. 어떤 분은 이렇게 말했다.

"고명환 씨 참 고마운 사람이네요. 우리 모두 고명환 씨 도와줍시다. 메밀국수 먹으러 자주 갑시다!"

반응이 뜨거우니 나도 신이 나서 계속 아이디어를 냈다. 그러다가 깜짝 배달 이벤트를 생각해냈다. 전업주부든 워킹맘이든 밥하기 싫은 날이 있다. 지겨워서, 힘들어서, 귀찮아서 혹은 우울해서. 있는 국 데우고 반찬 꺼내 상 차리는 것조차 싫은 날이 있다. 그런 날 누가 음식을 해서 가져다준다면 얼마나 좋겠는가.

여기까지 생각해놓고 이런저런 일로 바빠서 실행을 못 하고 있었다. 그러다가《혼창통》에서 이 부분을 읽었다.

하지만 모든 꿈도 비전도 이것이 없으면 결국 무용지물이다. 바로 실행이다. (…) 1960년 영국 패션의 디바였던 메리 퀀트Mary Quant는 '살면서 배운 중요한 것 중 하나는 아이디어를 담고 있지 말기'라고 했다. (…) 세계적인 경영 구루 피터 드러커Peter Drucker는 '늦게 내려진 올바른 결정보다 빨리 내린 틀린 결정이 낫다'고 역설했다.

_《혼창통》 중에서

읽자마자 카페로 달려가 생각난 것들을 실행했다.

[지금 배는 고프고, 밥은 하기 싫고, 남편은 밥 달라고 귀찮게 하고, 메밀국수가 먹고 싶고, 일산에 거주하시는 분. 제일 먼저 신청하시는 한 분께 메밀국수 2인분 제가 지금 무료로 배달해드릴게요.]

선착순 한 명이라고 했는데 댓글은 70개 넘게 달렸다.

└, 저는 당첨되지 않았지만 멋진 이벤트네요. 응원합니다.

└, 갑자기 메밀국수 먹고 싶네요. 내일 먹으러 갈게요.

└, 재밌네요. 다음번에도 또 해주세요. 기다리고 있을게요.

당첨자에게 메밀국수 2인분에 만두 1인분을 가져다드리고 인증샷을 찍은 다음 가게에 돌아와 '배달 완료' 사진과 글을 올렸다. 여기에도 댓글이 80개 가까이 달렸다. 당첨자 역시 글을 올렸다.

ㄴ 개그맨 고명환 씨가 직접 배달 오셨네요.

그분은 내가 배달 온 사진도 올려주고 메밀국수도 먹음직스럽게 찍어서 올려주고 싹싹 비운 그릇 사진까지 올려줬다.

"맛있어서 한 그릇 뚝딱 비웠어요."

역시 책이 시키는 대로 하면 효과가 엄청나다. 머릿속에 아이디어만 담아둔 채 지금은 바쁘니까 하면서 미루었는데 책에서 당장 실행하라고 시켜서 그렇게 했다. 결과는 대만족이다. 특히 "고명환 씨가 한 가정에 행복을 배달하셨군요"라는 댓글을 보고 아주 뿌듯했다. 무엇보다 좋은 건 음식을 받을 때 고객이 아주 기쁜 표정이었다는 것이다.

내가 만들었지만 정말 괜찮은 이벤트다. 고객에게 기쁨을 주었을 뿐 아니라 가게 이미지 메이킹에도 엄청난 도움이 됐다.

이런 날은 나를 칭찬해주자.

"잘했어, 고명환!"

효과 만점 고객 응대법

1. 전략적으로 흉내 내기

다니엘 핑크의 《파는 것이 인간이다》를 보면 손님이 주문을 할 때 그대로 따라서 말한 종업원이 팁을 훨씬 더 많이 받았다는 연구 결과가 나온다. 손님이 식사에 더 만족했다는 뜻이다.

이 책을 읽고 대번에 실행했다. 나도 주문을 받을 때 손님이 말한 것을 그대로 따라 해봤다.

"깍두기랑 김치 좀더 주세요."

"깍두기랑 김치요. 네, 알겠습니다."

"매운 거 잘 못 먹으니까 좀 덜 맵게 해주세요."

"매운 거 잘 못 드시니까 좀 덜 맵게요. 알겠습니다."

손님의 '먹으니까'를 '드시니까'로 바꿔서 말하는 건 기본이다. 어떤 손님들은 이런 얘기도 한다.

"어머, 실물이 훨씬 잘생기셨다."

나도 말한다.

"어마, 누님도 실물로 뵈니까 훨씬 예쁘시다."

그러면 손님은 기분 좋게 웃는다.

흉내 내기를 아내한테도 해봤더니 효과 만점이었다.

"세상에, 집에 오는 길에 윤경이를 만났어."

"우와, 윤경이를?"

"그런데 하나도 안 변했더라고."

"우와, 정말? 하나도 안 변했다고?"

추임새를 약간 넣고 아내가 한 말의 핵심 단어만 다시 한번 반복해주면 만사형통이다.

'전략적으로 흉내 내기'는 정말 효과적인 방법이라고 한다. 협상할 때 상대방의 말과 행동을 따라 하면 거래가 성사될 확률이 훨씬 높다는 연구 결과도 있다. 내가 실험한 바로도 그랬다. 주문을 받을 때 내가 앵무새가 됐다고 생각하면 된다. 좀더 예의 바르고 기분 좋게 해주는 앵무새!

2. 공통점 찾아내기

주문을 받을 때 주문만 받지 말고 손님과 대화를 나눠보자. 《파는 것이 인간이다》에는 이런 얘기도 나온다. 우리는 공통점이 있는 사람에게 끌리고, 나와 비슷한 사람에게 쉽게 설득당한다고. 잘 팔려면 공통점을 찾아내 어필해야 한다. 그래서 나도 그렇게 해보기로 했다. 주문을 받는 동안 최대한 공통점을 찾아내서 손님들과 대화를 나누는 것이다.

우리 가게 뒤에 야구장이 있다. 요즘은 야구 동호인들이 엄청나게 늘어나고 있다. 어느 날 야구 유니폼을 입고 온 손님들에게 이렇게 말했다.

"오늘 강정호 홈런 한 개, 안타 두 개 쳤고요. 추신수는 안타 세 개에 도루 한 개, 김현수는 오랜만에 홈런 하나 쳤어요. 역전 홈런이요."

"대박! 경기하느라 못 봤는데."

"지금 재방송하니까 틀어드릴게요."

"우와, 감사합니다."

손님들도 좋아하고 나도 기분 좋다.

한번은 커다란 액자를 가지고 온 손님이 있었다. 내가 "와, 고흐 그림이다!" 했더니 그 손님은 "오, 사장님 그림 좀 아시네" 하면서 지금까지도 단골로 우리 가게를 찾고 있다. 사실 고흐 그림은 조금만 관심을 가지면 쉽게 알아볼 수 있다. 내가 고흐 그림을 아는 이유는 책을 읽었기 때문이다. 내 분야가 아닌 책도 읽어두면 언젠가는 내 인생에 도움이 된다.

또 어느 날은 낚시 가방을 멘 분이 가게로 들어왔다.

"오늘 날씨가 바람만 안 불면 고기 엄청 나오겠네요."

"고 사장 낚시 좀 하나 봐요?"

"예. 저 루어낚시 다닌 지 20년 됐습니다. 붕어도 가끔 다니고요."

"오, 언제 같이 낚시 한번 합시다."

지금 이분들은 우리 가게에 거의 매일 온다.

조금만 신경 쓰면 공통점을 찾아내 손님과 얼마든지 대화할 수 있다. 이런 대화를 나눈 손님들은 대부분 단골이 된다. 대화의 비법도 다 책에 나와 있다. 일단 책을 많이 읽고 관심 분야가 넓어지면 대화할 거리가 계속해서 생긴다.

대화할 거리가 없으면 아주 단순한 공통점을 찾는 것만으로도 괜찮다. 난 쥐띠여서 손님이 72년생 쥐띠라고 하면 바로 친구 한다. 성이 고가라는 손님이 있으면 바로 친척처럼 대한다.

3. 손님에게 웃음 주기

《혼창통》을 읽었더니 이런 이야기가 나온다.

> 디즈니 연수 교재엔 이런 표현도 있다. "우리가 피곤해질 수는 있어도 결코 따분해져서는 안 됩니다. 정직한 미소를 지으십시오. 그것은 우리의 내면에서 우러나는 것입니다. 당신의 미소에 우리가 급여를 지급하고 있다는 사실을 기억하십시오."
>
> _《혼창통》 중에서

그렇다. 미소가 중요하다. 내가 웃고 그래서 손님도 웃어야 한다.

애니메이션 〈겨울왕국〉이 한창 인기일 때는 꼬마 손님들이 주인공 엘사와 똑같은 옷을 입고 오는 경우가 많았다. 지금도 엘사 옷을 입은 꼬마 손님들이 적지 않다. 그 손님들을 맞을 때면 “렛잇 고, 렛잇 고” 노래를 불러준다. 꼬마도 좋아하고 부모님들도 좋아한다. 그걸 보고 다른 손님들의 얼굴에도 절로 미소가 떠오른다.

우리 가게 만두는 한 판에 여덟 개가 나간다. 손님이 세 명 와서 만두를 시키면 만두 아홉 개를 가져다드린다.

“싸우실까 봐 하나 더 갖고 왔습니다.”

“사장님 센스쟁이시네.”

하나 더 서비스받은 손님은 기분이 좋아 웃고 센스쟁이라고 칭찬받은 나도 좋아서 웃는다.

일요일에는 교회 갔다가 점심 먹으러 오는 단체손님들이 많다. 그분들이 가게 문을 열고 들어올 때면 “할렐루야” 하고 외친다. 손님들도 “할렐루야” 하고 웃는다. 나로선 단체손님이 왔기 때문에 정말 할렐루야다.

어느 날 골프 복장을 한 손님 네 분이 가게에 왔다. 우리 가게는 선불이라 주문과 동시에 계산을 한다. 돈을 내는 손님에게 말했다.

“계산하시는 거 보니까 누님이 오늘 돈 따셨나 봐요?”

그러자 일행 가운데 한 분이 웃으며 말한다.

“이 언니 독사예요, 독사.”

다들 까르르 웃는다.

근처 은행 직원들이 자주 오는데 내가 “대출 좀 해주세요” 하면 “돈 많이 버시는데 적금 하나만 드세요” 한다. 손님도 웃고 나도 웃는다.

“냉메밀에 오이는 빼주세요” 하는 손님이 있으면 “저는 햄버거 먹을 때 토마토 빼고 먹어요”라고 말한다. 손님과 내가 같이 웃는다.

손님 입장에서 일단 한번 웃고 나면 가게에 대한 이미지가 좋아진다. 음식이 더 맛있게 느껴진다. 당연히 다음에 또 오게 된다.

디테일에 강해져라

쇠고기 덩어리: 반드시 1.2×1.2×1.2cm의 입방체 형태여야 한다. (…) 쇠고기 슬라이스: 반드시 2.5×5.0×0.1cm의 직사각형 형태여야 한다. (…) 대파는 0.3센티미터(±〈0.1센티미터), 고수는 3~3.5센티미터, 절인 마늘은 콩알 크기로 썰어야 한다. (…)(대파를 써는 경우) 오른손으로 칼자루를 잡은 다음 손가락을 구부리고 식지의 첫 번째 관절을 칼날에 붙인다. 이어 왼손의 다섯 손가락으로 대파의 머리 부분을 누른다. 써는 방법은 그래도 덜 복잡하다. 칼날을 앞으로 밀면서 대파를 썰면 된다. 이때 식지와 칼에 균일한 힘을 줘야 한다.

_《디테일의 힘 2》 중에서

이 얼마나 디테일한가? 중국에서 성공한 식당들은 이런 식으로 매뉴얼을 정확하게 마련해놓고 책으로 만들어서 직원들에게 나눠준다고 한다. 아, 성공한 식당들의 수준은 이 정도구나! 따라 해보려고 하니 정말 힘들다. 직원들도 짜증스러워하는 분위기다. 하지만 이렇게 하지 않으면 1등이 될 수 없다는 걸 책을 읽고 알았다. 지금 우리 가게도 우리만의 디테일한 매뉴얼을 만들어 그대로 실행하고 있다.

이제 감으로만 음식을 만들던 시대는 지났다. 정확하고 디테일한 매뉴얼이 있어야 똑같은 맛을 유지할 수 있다. 우리 가게를 다녀간 손님들이 한결같이 하는 얘기가 "제발 변하지 말고 이 맛을 그대로 유지해주세요"다. 그 말을 따르려면 디테일한 매뉴얼이 필요하다.

조리법뿐 아니라 다른 부분에서도 마찬가지다. 식당을 운영하다 보면 음식에서 머리카락이 나올 수도 있고 손님에게 뜨거운 국물이 쏟아질 수도 있다. 이럴 땐 열 일 제치고 달려가 염려와 사과의 마음을 진정성 있게 전달해야 한다. 그런 다음 손님이 미안해질 정도로 배상해야 한다. 뜨거운 국물이 쏟아졌다면 손님이 괜찮다고 해도 약국으로 뛰어가 약을 사 와야 한다. 그래도 회복되지 않으면 병원에 모시고 가야 한다. 그리고 가게에서 줄 수 있는 최대한의 선물과 혜택을 드려야 한다. 이건 당연한 행동이다.

이런 일이 일어났을 때 시간을 끌수록 일은 커진다. '괜찮은 것 같은데' 하면서 눈치만 보고 망설이다가는 절대 괜찮지 않은 상황으로 발전한다. 신속하게, 확실하게 대처해야 한다. 미흡하게 처리한 사소한 일이 엄청난 재앙으로 돌아올 수 있다. 명심하자. 모든 상황에 디테일하게 매뉴얼을 준비해야 한다.

> 쇠못이 빠지니 말발굽이 갈라지네.
> 말발굽이 갈라지니 전마戰馬가 자빠지네.
> 전마가 자빠지니 기사가 넘어지네.
> 기사가 넘어지니 군단이 쓰러지네.
> 군단이 쓰러지니 전사戰士가 무너지네.
> 전사가 무너지니 제국이 망하네.

_《디테일의 힘 2》 중에서

쇠못 하나에 제국이 망했다. 빅토르 위고도 《레 미제라블》에서 워털루 전투는 한 목동이 숲속에서 프로이센 사람에게 했던 말, "이리로 가셔야지 저리로 가셔서는 안 됩니다" 때문에 승패가 갈렸다고 적었다.

중국국제항공사는 모든 승객이 기내식을 먹진 않는다는 점을 알고 준비량을 95퍼센트로 조정해서 연료비를 대폭 절약할 수 있었다고 한다. 그까짓 게 얼마나 된다고 그러냐고? 1년에 1000만 달러다!

작은 것이 큰 것이다. 모든 큰 문제는 사소한 일에서 시작된다. 사업을 할 때는 사소한 일에도 신경 써야 한다. 그 사소한 일이 눈덩이처럼 불어나 사업 전체를 무너뜨린다. 특히 요즘처럼 인터넷과 스마트폰이 발달한 세상에서는 순식간에 소문이 퍼진다.

유나이티드항공에서 수하물 담당의 부주의로 한 인디밴드의 기타가 파손되는 일이 발생했다. 항공사는 사건 발생 후 책임 회피로 일관했다. 그러자 인디밴드는 〈유나이티드항공이 내 기타를 깨부수고 있네〉라는 노래를 만들어 유튜브에 올렸다. 이를 본 사람들이 불매운동을 벌여 유나이티드항공 주가는 나흘 만에 10퍼센트가 하락했고 주주들은 1억 8000만 달러의 손해를 봤다. 단위가 '원'이 아니고 '달러'다. 적게 잡아도 무려 1800억 원! 기타 하나 값으로 치자면 전무후무한 기록이 아닐까? 일이 생겼을 때 신속하게, 확실하게 처리했다면 오히려 그 인디밴드가 유나이티드항공 찬가를 만들었을지도 모른다.

고객은 작은 것에 감동한다

예전에 친한 사장님의 초대로 골프장에 간 적이 있다. 그 사장님이 아침을 꼭 골프장 클럽하우스에서 다 같이 먹어야 한다고 해서 함께 식사를 했다. 식사가 끝나자 사장님은 우리에게 묻지도 않고 테이크아웃으로 커피 넉 잔을 주문했다. 커피가 나오자 사장님이 말했다.

"명환 씨, 테이크아웃 커피잔 뚜껑 좀 봐봐. 이래서 내가 이 골프장을 사랑한다니까."

뚜껑에는 그 골프장을 상징하는 곰 모양 스티커가 붙어 있었다.

"우리가 카트 타고 가면서 컵이 바뀔까 봐 이렇게 세심한 배려를 해준 거야. 금색 곰은 명환 씨 거, 내 건 은색 곰."

엄청나게 비싼 회원권에 걸맞은 엄청나게 럭셔리한 클럽하우스와 골프 코스가 있는데, 전부 뒷전이고 손톱만 한 스티커 한 장에 감동받아 나한테 자랑을 한 것이다.

사업 전략에서 감동만큼 효과가 확실한 것도 없다. 감동을 느낀 손님은 반드시 다시 오게 돼 있다. 나도 고민했다. 우리 가게 어떤 부분에서 감동을 불러일으킬 수 있을까?

내가 적용해서 큰 효과를 보고 있는 방법들을 소개하겠다.

1. 손님 특성 기억하기

식당에 가서 순대를 주문하는데 주인이 이렇게 말한다고 생각해 보라.

"순대에 내장은 빼고 머리 고기만 섞어서 드리면 되죠?"

감동이다. 지난번에 내가 주문하던 걸 기억했다가 식성에 딱 맞게 내놓는 것이다. 특별한 사람이 된 것 같아 기분 좋다. 이제 순대는 그 식당에서만 먹게 된다.

나도 손님들의 특성을 기억하기로 했다. 잊어버릴까 봐 메모도 해뒀다.

○○은행 부장님: 살얼음을 가득 넣어달라.

골프광 누님: 얼음은 아예 빼달라.

낚시광 형님: 육수는 뜨거운 거 말고 차가운 걸로.

엘사 엄마: 돈가스 소스는 뿌리지 말고.

편의점 총각: 돈가스 밥 한 개만 더 주세요.

김 집사님: 만두 포장할 때 단무지 많이.

선글라스 할머니: 온메밀에 고춧가루 빼고.

박 사장님: 쟁반회메밀 소자를 대자처럼.

카페 회원이라면 아이디를 기억해둔다.

"똘똘이맘님, 오랜만에 오셨네요!"

손님들의 특성을 기억하고 있다가 주문할 때 미리 외치거나 손님과 동시에 외치면, 그 순간 손님의 얼굴은 미소로 환해진다.

이 작전은 정말 훌륭하다. 효과가 바로 나타난다. 적어두고 외워둬라. 그리고 내가 기억하고 있다는 것을 반드시 티 내라. 기억이 안 나서 미리 말하지 못하고 나중에 생각나는 경우도 있다. 그럴 땐 이렇게 하면 된다.

"오늘은 비빔메밀 안 드시고 냉메밀 드시네요. 이런 날씨엔 냉메밀이 딱이죠."

식당 주인이 내 취향을 알아줄 때 기분이 좋아지는 건 당연하다.

치킨집이라면 자주 오는 전화번호의 주문 성향은 반드시 기억하고 있어야 한다. 전화가 오면 번호를 보고 미리 말하라.

"오늘도 반반으로 드릴까요?"

"순살파닭으로 드리면 되죠?"

"음료수는 콜라 말고 사이다로. 맞죠?"

신발 주인을 일일이 기억하는 식당 사장님 얘기, 들은 적이 있는가? 텔레비전에 종종 나오는 식당이다. 신발을 기억하는 것만으로 엄청난 홍보를 한 셈이다. 그 식당은 손님이 밥 먹고 나올 때 사장님이 신발을 꺼내준다. 점심시간에만 수백 명이 식사하러 오는데 그 사장님은 자신만의 비법으로 기억하고 있다가 정확하게 신발을 내어준다. 사장님은 문 앞에서 그 일만 하는데, 덕분에 손님이 끊이질 않는다.

2. 작은 신호도 놓치지 않기

난 매 순간 안 보는 척하면서 모든 테이블을 살펴본다. 그렇게 '더듬이'를 세우고 있다가 손님들 얘기 중에 생일이나 결혼기념일, 만난 지 백 일 등등의 단어가 나오면 꼭 서비스 음식을 갖다 드린다.

어느 날 남녀 손님이 식사하면서 대화하는 걸 들었다.

"자기야, 내일 우리 결혼기념일이잖아. 뭐 할까?"
"자긴 뭐 하고 싶은데?"

난 얼른 만두 한 접시를 서비스했다.

"결혼기념일 축하드립니다."
"어머, 어떻게 아셨어요? 완전 감동이에요."

이분들은 지금도 우리 가게 단골손님이다.

32개의 테이블에서 일어나는 모든 일에 난 늘 촉각을 곤두세운다. 즉각 대응하기 위해서다. 손님들의 목소리, 몸짓에서 뭔가 특이한 분위기가 감지되면 그에 맞춰 얼른 서비스를 해야 한다. 김치가 떨어졌는데 손님이 부르기 전에 김치를 갖다 주면 그보다 좋은 서비스가 없다. 같은 김치를 주고도 극적으로 다른 반응을 얻는다. 옷에 양념이 묻었는데 부르기 전에 물티슈를 갖다 주면 그 손님은 반드시 다음에 또 온다. 아이를 안고 온 부부가 "이 집에 아기 숟가락이 있을까?" 하고 속삭일 때도 얼른 아기 숟가락을 갖다 준다.

모두 감지할 순 없지만 감지한 만큼 가게는 발전한다. 힘들 것 같지만 자꾸 하다 보면 저절로 잘하게 된다. 낯선 장소에서 와이파이를 잡을 때 처음 한 번은 비밀번호를 입력해야 하지만 그다음부터는 저절로 잡히는 것처럼.

3. 커피 직접 타주기

우리 가게엔 커피 자판기가 없다. 처음엔 손님 중 한두 명에게 커피 자판기가 없느냐는 얘길 듣고 당장 놓아야 할 것 같은 생각이 들었다. 그런데 내 가게 매출과 커피 자판기 유무는 전혀 상관이 없다. 음식맛 없는 식당에 커피 자판기가 있다고 밥 먹으러 가진 않기 때문이다. 하지만 커피로 좋은 이미지는 줄 수 있다. 지금부터 방법을 알려주겠다.

1 커피 자판기를 치운다.

커피 자판기가 없으면 손님들이 자리에서 빨리 일어난다. 테이블 회전율이 높아지니 오히려 매출에 도움이 된다(쉿! 비밀이다). 또 커피를 찾는 손님이 그렇게 많지 않다. 하루에 두세 명 정도다. 무료 자판기가 보이면 마시고 싶은 생각도 별로 없는데 습관적으로 커피를 뽑는 손님도 있다.

2 믹스 커피를 준비한다.

손님이 커피를 찾으면 흔쾌히 "잠시만 기다리세요" 하고 믹스 커피를 타다 드린다. 여기서 포인트! 꼭 손님 앞에 가서 저어준다. '지금 제가 탄 거예요'를 보여줘야 한다.

❸ 손님에게 이렇게 멘트를 날린다.

"커피 자판기는 아무리 관리를 잘해도 속이 더러워지더라고요. 언제든지 얘기하시면 얼마든지 타드려요"라고 말하며 커피를 건넨다. 손님은 흐뭇한 미소를 띠며 고맙다고 말한다. 아무리 많아도 하루에 10잔 정도만 타면 된다.

요즘 식당에 커피 자판기가 있다고 해서 손님들이 커피를 뽑아 마시며 "이 식당은 정말 손님에 대한 배려가 최고야"라고 하지 않는다. 당연하다고 생각한다. 하지만 커피를 내 손으로 타주면 손님들이 감동한다. 꼭 이 방법대로 해보시기 바란다. '에이! 그걸 어떻게 일일이 다 타주나?'라고 지금 생각한 사람, 절대 사업하면 안 된다. 커피를 일일이 타주니까 성공하는 것이다.

4. 요청에 신속하게 반응하기

어느 겨울, 한 손님이 화장실에 기저귀교환대를 설치해달라고 했다. 세면대 타일 위에 아기를 눕히고 기저귀를 가는데 추워서 몸을 떨더라는 것이다. 이건 당연한 요구다. 난 아직 아이가 없어서 몰랐다. 나 같아도 내 아이를 차가운 타일 바닥에 눕히고 싶지 않다. 당장 기저귀교환대를 설치했다.

다음 날, 그 손님의 지인이 가게에 왔다. 어제 얘기했다던데 이렇게 빨리 설치했냐며 당장 얘기해줘야겠다면서 즐겁게 돌아갔다.

어차피 해야 할 일이라면 빨리 하는 것이 좋다. 같은 노력, 같은 돈을 들이고도 시간을 끌수록 효과가 떨어진다. 성공한 사람들의 공통적인 습관 가운데 하나가 바로 빠른 회신이다. 답장도 빠르다. 일 처리도 빠르다. 빠르다는 표현보다는 신속하다는 표현이 더 좋다. 신속하게 처리하되 믿음직스럽게 해야 한다. 그럼 고객들로부터 답장이 온다. 역시 신속하게, 그리고 오래도록.

5. 무조건 뛰어다니기

난 가게에서 주로 뛰어다닌다. 사장이 연예인이라고 얼굴만 비치는 숱한 가게들과 다르다는 인상을 주기 위해 서빙할 땐 무조건 뛰어다닌다. 뛰어다니면서 몸에 땀이 살짝 배어나올 때 난 행복을 느낀다.

손님이 부르면 일단 뛰어간다. 아기 의자를 달라고 하면 의자를 들고 뛰어간다. 무거운 걸 들었을 땐 뛰는 시늉이라도 한다. 사장이 뛰어다니면 직원들도 뛰어다니게 된다. 시킬 필요도 없다.

일산아지매에서 이런 글들을 읽었다.

ㄴ 사장님이 이리 뛰고 저리 뛰는 모습이 보기 좋아요.

ㄴ 진짜 열심히 사시는 것 같아요. 감동이에요.

사장이 뛰어다니면 손님들이 좋아한다. 사장이 뛰어다니는 것 자체가 감동이다. 나도 행복하다. 앞으로 가게를 운영할 예비 사장님들은 바닥이 미끄럽지 않은 운동화를 준비해야 한다. 난 뛰다가 한 번 미끄러져서 큰일 날 뻔했다. 잘못 넘어지면 감동은 고사하고 목발 신세를 져야 할 수도 있다.

6. 만두 너무 일찍 주지 않기

메밀국수가 나오길 기다리는 동안 만두를 시켜 먹는 손님들이 있다. 그러다 한 접시 더 시킬 때가 있다. 하지만 그렇게 해서 배가 불러지면 메인 메뉴가 맛없어진다. 이때는 만두를 더 팔면 안 된다.

"손님, 만두를 더 드시면 메밀국수 맛이 없어져요. 일단 메밀국수 드시고, 그래도 만두가 더 드시고 싶으면 그때 주문하세요. 일단 메밀국수 드시고 말씀해주세요."

길게 봐야 한다.

7. 아기 의자 닦아주기

우리 가게에는 가족 단위 손님이 많다. 부모한테는 당연히 자신의 아기가 최고다. 아기 손님이 오면 난 아기 의자를 가져다주곤 부모가 보는 앞에서 포장을 찢어 물티슈를 꺼내 바로 닦아준다. 아주 정성스럽게. 의자가 깨끗해서 닦아줄 필요가 없어도 닦아준다. 카페에 올라온 후기를 보면 이 서비스가 가장 감동적이었다고들 얘기한다(10억 매출을 만든 비법인데 독자 여러분에게만 공개한다. 가게에 아기 의자가 있다면 오늘 당장 해보라).

8. 직접 청소하기

난 일주일에 한 번은 직원들을 모두 퇴근시키고 혼자 가게를 쓸고 닦는다. 천천히 쓸고 닦다 보면 가게에서 일어났던 일들이 떠오른다. 특히 테이블을 닦을 때면 그 자리에 앉았던 손님들이 떠오른다. 맛있게 잘 먹은 손님, 짜증 냈던 손님, 불만이 많았던 손님…….

이런 걸 잘했고 저런 걸 잘못했으니 고쳐야겠다는 생각을 하면서 가게를 쓸고 닦는다. 그저 청소 한 번 했을 뿐인데 많은 아이디어가 떠오른다. 또 가게를 내 손으로 조심조심 어루만지며 닦아주면 가게가 흐뭇해하며 좋아한다는 게 느껴진다.

가게는 살아 있다. 살아 있어야 한다. 살아 있는 식당에서 밥을 먹어야 기분도 좋다. 사람이 살지 않으면 집은 금방 허물어진다. 집을 가만히 내버려두면 더 오래 서 있을 것 같지만 사람의 기운이 빠져나가면 건물은 금방 퇴색해버린다. 가게에 내 손때를 묻혀야 한다. 내 에너지를 가게에 고스란히 불어넣어야 한다. 일주일에 한 번은 아무도 없이 혼자 가게를 쓸고 닦아보자. 가게가 하는 얘기를 조용히 들어보자.

9. 화장실 인심 쓰기

"화장실 좀 써도 되나요?" 하면서 가게로 들어오는 사람이 있으면 흔쾌히 "네, 얼마든지요" 하고 대답하면서 안내한다. 오히려 어느 때보다 더 친절하게 안내한다. 얼마나 급하면 식당에 다 들어왔을까. 이 손님은 다음에 반드시 우리 가게에 온다. 식사든 화장실이든, 한 명이라도 더 가게 안으로 들어오게 하는 게 정답이다.

10. 물어봐 주기

손님이 "이 집에서 제일 맛있는 거 추천해주세요" 하면 "다 맛있는데요"라고 말하곤 한다. 하지만 책을 읽은 지금은 이렇게 다시 물어본다.

"매운 거 좋아하세요, 아니면 안 매운 거 좋아하세요?"

"안 매운 거요."

"그럼 냉메밀 드세요."

만약 매운 것을 좋아한다고 하면 "그럼 비빔메밀 드세요" 한다.

이렇게 물어봐 주면 손님들은 훨씬 좋아한다. 크게 어려울 것도 없고, 어찌 보면 뻔한 해법을 제시하는데도 손님은 자기 식성에 맞춰 추천해준다는 느낌을 받는다.

우리 가게에서는 밥 메뉴 가운데 쇠고기국밥을 파는데 "국밥 맛있어요?"라고 물어보는 손님들이 있다. 이때도 나는 되묻는다.

"엄마가 직접 끓인 국밥 드셔보셨어요?"

그럼 손님은 국밥을 주문한다.

창업은 직장에 다닐 때 하라

'창업할 때 다니던 직장을 계속 다니는 게 나을까, 아니면 그만두는 게 나을까?' (…) 직장을 계속 다닌 창업가들이 실패할 확률은 직장을 그만둔 창업가들이 실패할 확률보다 33퍼센트 낮았다. (…) 자신들의 사업이 실패할 경우에 대비한 대안을 갖고 있었기 때문에, 와비파커 창립자들은 사람들이 안경을 온라인으로 구매할 것이라는 입증되지 않은 가설을 바탕으로 창업할 용기를 낼 수 있었다.

_《오리지널스》 중에서

독자 중에는 창업하고 싶은 마음에 조만간 회사를 그만둬야겠다고 생각하는 사람도 있을 것이다. 하지만 책이 알려주는 바에 따르면, 그리고 내 경험에 의하면 절대 직장을 그만두면 안 된다. 나 역시 메밀국숫집을 오픈할 때 한 달에 1000만 원 이상 꼬박꼬박 벌고 있었다. 가게가 자리를 잡은 뒤에도 원래 하던 일들을 그만두지 않았다. 그랬기에 식당에서 즐겁게 서빙할 수 있었다. 만약 내가 모든 일을 그만두고 식당에 올인했다면 어땠을까? 손님의 말 한마디가 엄청난 무게를 가졌을 것이다. 작은 칭찬에 들떴다가 작은 지적에 의기소침해지길 반복했을 것이다.

돌아갈 곳이 있다 해서 일을 대충 하게 되진 않는다. 확고한 목적만 있다면 오히려 부담 없이 즐기며 일할 수 있다. 단 직장을 그만두지 않고 창업하려면 혼자서는 무리다. 함께할 사람을 꼭 찾아야 한다.

어떤 일을 할 때 '올인해야 한다'거나 '모든 걸 걸어야 한다'고 흔히 말한다. 하지만 내 생각은 다르다. 모든 걸 걸면 너무 비장해져서 즐겁게 일할 수 없다. 나는 '한 우물만 파야 한다'는 말도 언제나 맞는 건 아니라고 생각한다. 한 사람이 평생 한 가지 일만 하며 살던 시대는 지났다. 한 사람이 여러 가지 일을 동시에 할 수 있는 세상이다.

난 '접시를 돌린다'는 표현을 자주 쓴다. 어릴 적 봤던 〈묘기대행진〉이라는 프로그램에는 동시에 여러 개의 접시를 돌리는 묘기가 종종 등장했다. 일단 접시를 하나 돌리고 그 접시가 혼자 돌기 시작하면 또 하나의 접시를 돌린다. 그런 식으로 10개가 넘는 접시를 동시에 돌린다.

난 메밀국수라는 접시를 돌린다. 공연 기획이라는 접시를 돌린다. 책이라는 접시를 돌린다. 강의라는 접시를 돌린다. 연기라는 접시를 돌린다. 접시가 혼자 돌아갈 수 있도록 생명력을 불어넣으면 된다. 알아서 돌아갈 수 있도록 시스템을 만들어놓으면 된다. 처음엔 어렵지만, 접시 하나를 돌리는 방법을 알면 그다음부터는 쉽다.

시스템을 만들고, 사람을 내 편으로 만들어 분업하라. 그렇게 하면 접시를 10개씩 돌리면서도 가끔 낚시도 가고 해외여행도 떠날 수 있다. 치열한 노동 후에 떠나는 여행이 진정한 여행이다. 시간이 남아돌 때 떠나는 여행은 여행이 아니라 방황이다.

내가 부탁하고 싶은 건 부디 직장에서 한 가지 일만 하면서 평생을 보내지 말라는 것이다. 그러다 은퇴하면 정말 할 일이 없다. 지금 하고 있는 일을 하면서 얼마든지 다른 접시를 돌릴 수 있다. 여러 개의 접시를 돌려보라. 정말 재미있다. 스스로 생명력을 가지는 순간 접시가 돈을 벌어다 준다.

양다리 걸친다고 뭐라 하지 마라. 요즘은 양다리 걸쳐야 한다. 한 군데서 실패했을 때 돌아갈 곳이 있어야 한다. 다시 한번 숨을 고르고 또 다른 아이디어로 도전해야 하기 때문이다.

창업을 하려면 이렇게 하라.

❶ 일단 취업하라. 당장 먹고살 수 있고 실패했을 때 돌아갈 수 있는 곳을 확보하는 것이다.

❷ 책을 읽고 아이디어를 짜라.

❸ 동지를 찾아라.

❹ 창업 자금을 모아라.

❺ 직장에 다니면서 창업을 하라. 요즘 같은 시대에는 직장에 다니면서도 얼마든지 창업할 수 있다.

❻ 실패하면 돌아가 다시 아이디어를 짜라.

❼ 사업이 성공적이면 적절한 시점에 직장을 나와라. 창업하자마자 바로 나오면 안 된다. 최소한 3년은 지켜봐야 한다. 3년이 지나도 사업이 계속 성장하고 있다면 직장을 그만둬도 된다.

❽ 끌려다니지 않는 삶 속에서 자유롭게 살아라.

3장

장사 아이디어

돈이 되는 아이디어를 얻는 방법

지금까지 책 읽는 것이 왜 중요하고, 책이 시키는 대로 해서 어떻게 식당을 성공시켰는지 낱낱이 공개했다. 이제 이 점이 궁금할 것이다. 돈이 되는 아이디어는 어떻게 얻는가.

1. 일단 많아야 한다.

너무 거창한 것, 획기적인 것만 생각하면 쉽게 아이디어를 떠올릴 수 없다. 중요한 것은 일단 많은 양의 아이디어를 내는 것이다. 《오리지널스》라는 책을 보면 창의적인 사람들은 다른 사람들보다 우수한 게 아니라 그저 더 많은 아이디어를 낼 뿐이라고 한다. 또 그들의 가장 독창적인 아이디어는 가장 많은 아이디어를 낸 기간에 나왔다고 한다.

그러니 질은 나중에 생각하고 양에 집중하자. 일단 많은 아이디어를 내면 그 가운데 훌륭한 것 한두 개는 나오게 돼 있다. 코미디언 최양락 선배는 신인 시절 국어사전을 앞에 놓고 아무 데나 탁 펼쳐서 처음 본 단어로 무조건 아이디어를 짰다고 한다. 많은 아이디어를 내놓는 데 아주 좋은 연습이다.

세상의 직업 가운데 아이디어가 가장 많이 필요한 직업이 아마 개그맨일 것이다. 개그맨들은 정말 많은 아이디어를 낸다. 하지만 대부분은 폐기된다. 한 편의 코미디는 수백 개의 아이디어가 외면당하고 버려진 후에야 탄생한다. 떠올리는 아이디어마다 대박을 터뜨리는 사람은 없다. 100가지 중에 하나가 얻어걸리는 것이다. 그러니 우선 100개를 생각해야 한다.

2. 오래 생각할 필요 없다.

개그맨들은 늘 아이디어를 짠다. 모여서도 짜고 혼자서도 짠다. 그렇기 때문에 늘 뭔가를 하고 있다고 생각한다. 요즘 뭐 하냐고 물으면 대부분은 이렇게 대답한다.

"아이디어 열심히 짜고 있어요."

"아이디어를 좀더 다지고 있어요."

좀더 다진다고? 좋지 않은 아이디어는 아무리 다져도 좋은 작품이 될 수 없다. 방송국 PD나 작가들도 바보가 아니다. 서로 딱 보면 안다. 1년 내내 아이디어 구상만 하고 한 개의 코너도 올리지 못했다면 그 개그맨은 1년 동안 아무것도 못 한 것이다. 그런데 뭔가를 하고 있다고 생각한다. 그러다가 친구가 한잔하자고 부르면 좋다고 달려나간다.

'열심히 아이디어 다지고 있었으니까 오늘은 좀 쉬어도 돼. 게다가 이 아이디어가 방송만 되면 난 유명해질 거니까 뭐.'

1년 동안 다진 아이디어가 대박 난 적은 없다. 오히려 찰나에 떠오른 아이디어가 성공할 가능성이 크다. 말콤 글래드웰의 《블링크》에 따르면, 인류 역사 중에 심사숙고해서 내린 결정보다는 눈 깜짝할 사이에 내린 결정이 훌륭한 결과를 가져온 사례가 더 많다고 한다.

한 가지 아이디어를 오래 붙들고 있을 필요가 없다. 예를 들어 국어사전으로 아이디어 떠올리기를 연습한다면 한 단어당 15분이라는 시간을 정해놓고 무조건 완성한다. 그런 다음 주변 사람들에게 물어보고 반응이 안 좋으면 바로 버린다. 그리고 또 다른 페이지를 펼쳐서 처음 보이는 단어로 15분 안에 아이디어를 완성하고 사람들에게 평가받는다. 이렇게 하다 보면 위대한 아이디어가 탄생한다.

아이디어를 많이 내되 쓸데없는 것들은 바로바로 버려야 한다. 처리되지 않은 아이디어가 있을 때 우리 뇌는 계속 그것을 생각하게 되고, 그러다 보면 다른 아이디어가 떠오르지 않는다. 20년 넘게 개그맨으로 아이디어를 짜온 나의 경험이다. 우리 뇌도 컴퓨터처럼 정해진 용량이 있다고 생각하면 된다. 아이디어를 저장해놓지만 말고 밖으로 꺼내 실행할 것인지 아니면 폐기할 것인지 빨리 결정해야 한다.

3. 아이디어는 습관이다.

나는 책을 읽을 때는 물론 길을 걷다가 간판을 볼 때도, 식당에서 음식을 먹을 때도, 사람들과 얘기를 할 때도, 지하철에서 옆자리 사람들의 대화가 들려올 때도, 영화를 볼 때도, 심지어 잘 때도 아이디어를 떠올린다(꿈에서 아이디어가 떠오르면 비몽사몽간에 메모를 해놓고 다시 잠든다).

책을 읽을 때는 항상 '안테나'를 세운다.

'이 내용을 내 인생에 어떻게 적용할까? 내 사업에 어떻게 대입할까?'

거리를 걸을 땐 간판을 유심히 본다. 간판만 잘 읽어도 시대의 흐름을 알 수 있다. 메밀국수도 촉각을 바짝 세우고 음식을 먹다가 건진 아이디어다. 그렇게 늘 촉각을 세우고 있으면 머리가 아프지 않냐고? 전혀 그렇지 않다. 습관으로 몸에 배어 있기 때문이다. 처음엔 의식적으로 노력했지만 지금은 저절로 그렇게 된다. 독서도 처음엔 노력해야 집중이 됐지만 지금은 책만 펴면 저절로 집중이 된다. 책 내용에 금세 빠져든다.

아이디어 만들기도 습관이 됐다. 무언가를 보거나 듣거나 읽으면 저절로 아이디어가 떠오른다. 개그맨이 되고 처음엔 하루에 아이디어 하나를 떠올리기도 힘들었다. 하지만 3년 차에는 하루에도 수십 가지 아이디어를 떠올리게 됐다. 어느 순간엔 아이디어를 떠올리려는 생각도 하지 않았는데 저절로 떠오르곤 했다.

자꾸 연습하고 습관으로 만들면 아이디어는 저절로 떠오른다. 누구나 그렇게 될 수 있다. 어렵지 않다. 이 세상에 한 번도 존재하지 않았던, 완전히 새로운 것만이 아이디어가 아니다. 소설가 스티븐 킹은 소설을 쓰는 일이 이미 있는 얘기를 건져 올리는 것이라고 표현한다.

아이디어도 어딘가에 이미 있는 것이다. 그걸 찾아서 더 잘 맞아떨어지는 데 써먹으면 된다. 소풍 가서 보물찾기를 하면 누군가는 찾지 않던가. 결국 열심히 찾는 사람에게 보물은 보이게 되어 있다. 그러려면 습관으로 만들어야 한다. 자꾸 연습하라. 아이디어 떠올리기가 몸에 배도록 하라.

난 책을 한 권 읽으면 두세 개의 사업 아이디어를 떠올린다. 그런 다음 제일 먼저 아내에게 얘기한다. 지금까지 수백 개의 사업 아이템을 얘기했지만 아내는 한 번도 아주 좋다고 한 적이 없다. 처음엔 어설픈 아이디어부터 떠오르게 마련이다. 하지만 자꾸 하다 보면 점점 좋은 아이디어가 떠오른다. 정말이다. 꼭 경험해보기 바란다. 요즘엔 아내에게 아이디어를 얘기했을 때 "정말 좋아. 당장 해"라는 말을 자주 듣는다.

최고의 아이디어 원천

2000년 옥션에서 회사생활을 할 때의 일이다. 어느 날 아침 당시 CEO이던 이금룡 사장님이 신문을 들고 우리 방으로 뛰어들어 왔다.

“고 대리! 고 대리 어디 있어?”

사장님은 나를 보자마자 덥석 껴안더니 뺨에 뽀뽀를 했다.

“고 대리는 우리가 몰랐던 무형의 상품을 만들어냈어! 엄청난 시장을 개척한 거야!”

사장님이 들고 있는 신문에는 “무형의 물건마저 파는 옥션!”이라는 제목의 기사가 비중 있게 실려 있었다.

스타크래프트라는 온라인 게임이 한창 유행하기 시작하던 시절의 일이다. 당시 가장 유명한 프로 게이머가 '쌈장' 이기석이었다. '스타크래프트 좀 하는 친구들은 이기석이랑 얼마나 경기를 해보고 싶을까?'라는 생각에 난 '쌈장 이기석과 한 판 붙을 권리'를 경매에 올렸다.

경매는 성공적이었다. 경기 장소는 삼성동 코엑스 안에 있는 메가웹스테이션이었다. 그곳에서 스타크래프트 경기를 처음 진행한 사람이 바로 나다. 게임 해설의 전설인 전용준이 의자도 없이 서서 경기중계를 해줬다. 그 뒤로 메가웹스테이션은 스타크래프트의 성지가 됐다.

1년간 근무하다 방송국으로 돌아갈 때 사장님은 개그맨 그만두고 옥션에 전념할 생각은 없느냐고 물었다.

아이디어가 많은 사람은 어디서든 환영받는다. 방송국도 마찬가지다. 코미디 프로그램에서 담당 PD가 바뀌면 개그맨까지 같이 바뀌는 경우가 많다. 그런데 나는 프로그램이 바뀔 때마다 항상 1순위로 불려갔다. 아이디어를 끊임없이 제공하기 때문이다. 요즘 사람들은 주로 인터넷에서 아이디어를 얻는다. 그러다 보니 비슷한 내용이 많다. 하지만 난 대부분 책에서 아이디어를 얻고, 남들이 잘 모르는 분야의 아이디어를 가지고 있다. 그래서 담당 PD들이 늘 나를 찾았다.

"일단 고명환 데려와! 고명환처럼 이상한 얘기를 계속 떠들어대는 사람이 있어야 해."

아이디어 회의를 할 때는 기본 소재를 던져주는 사람이 꼭 필요하다. 내가 기본 아이디어를 던지면 동료 개그맨들이 내 아이디어를 발전시키고 완성해주었다.

모두가 네이버나 구글을 보고 얘기할 때 책을 읽고 얘기하는 사람이 있으면 그 사람은 특별해 보인다. 모두가 보는 인터넷 창은 그만 닫고 이제 책을 열어야 한다. 책은 가장 퀄리티가 높고 가장 풍부한 아이디어의 원천이다.

아이디어가 좋을수록 실행하는 데 드는 돈이 적어진다. 창업을 한다면 투자를 더 쉽게 받을 수 있으니 내 돈이 더 적게 들어간다. 돈이 없어서 아이디어를 실행할 수 없다는 말은 하지 말자. 돈도 아이디어를 통해서 모을 수 있는 세상이다. 내 아이디어가 없을 때 다른 사람의 아이디어를 빌리는 것도 아이디어다.

스레드리스Threadless라는 회사가 있다. 20대 청년이 단돈 1000달러를 들여 만든 온라인 기반의 의류회사다. 의류를 제조하고 판매하는 곳인데도 사내에 디자이너가 없다. 그럼 누가 옷을 디자인하나? 바로 고객들이다. 고객들이 직접 디자인한 작품을 홈페이지에 올리면 방문객들이 투표를 한다. 그렇게 채택된 디자인으로 티셔츠를 제작한다. 당선작에는 상금도 주고 티셔츠가 잘 팔리면 인센티브도 준다. 내가 아이디어를 못 내면 다른 사람들의 힘을 빌리면 된다. 이 시스템은 분야를 막론하고 응용할 수 있으니 꼭 한번 시도해보기 바란다.

그런데 일단 이런 시스템이 있다는 걸 알아야 내 것으로 변형하고 응용도 할 수 있지 않겠는가. 그렇다면 이런 아이디어들은 어디서 볼 수 있을까? 내가 이런 걸 어떻게 알았겠는가. 인터넷? 아니다. 《구글처럼 생각하라》라는 책을 읽고 알았다. '디지털 시대, 소비자 코드를 읽는 기술'이라는 부제가 말해주듯, 소비자의 힘이 어느 때보다 막강해진 지금 그들의 마음을 사로잡는 법을 알려주는 책이다. 성공과 실패 사례가 다양하게 실려 있어 흥미롭고 유용했다.

내가 파는 메밀국수의 면발 굵기를 결정하는 데에도 책이 큰 역할을 했다. 《왜 팔리는가》라는 책이 있다. 뇌과학, 진화심리학 등을 바탕으로 마케팅 방법을 알려주는 책인데, 우리가 느끼는 '맛'이란 사실 '식감'이라는 내용이 큰 도움이 됐다.

책에 의하면 우리는 식감을 통해 맛이 있다, 없다를 느낀다고 한다. 라면을 예로 들면 면발 굵기가 2.04밀리, 2.12밀리, 2.18밀리 등으로 다른데, 이 약간의 두께 차이가 식감을 결정하며 이 때문에 맛을 다르게 느낀다는 것이다. 오동통한 라면을 삶아 먹을 때면 처음엔 맛있다는 생각이 들다가도 계속 먹다 보면 질리는 느낌이 들지 않던가? 나도 그랬는데 그 이유가 면이 너무 굵기 때문이라는 걸 이 책을 읽고 알았다. 반대로 면이 너무 가늘어도 식감이 좋지 않다.

나는 면을 직접 뽑기 때문에 굵기를 조절할 수 있다. 이 책을 읽고 다른 메밀국숫집에 비해서 약간 굵은 면을 선택했다. 처음 먹을 때도 맛있고 계속 먹어도 질리지 않을, 가장 식감이 좋은 굵기를 찾기 위해 면을 뽑고 또 뽑으면서 연구했다. 그 결과 손님들에게 면에 대한 칭찬을 수없이 받았다. 다 책 덕분이다.

책을 읽다 보면 수많은 아이디어가 생기고 그 가운데 살아남은 아이디어는 내게 돈을 벌어다 주는 콘텐츠가 된다. 얼마나 신기하고 재미있는지 모른다. 난 그저 책만 읽었을 뿐인데 돌아보니 내 옆에는 저 혼자 앉아서 돈을 벌어다 주는 콘텐츠들이 잔뜩 쌓여 있다.

모두가 꿈꾸는 일 아닌가? 난 가만히 있는데 뭔가가 알아서 내게 돈을 벌어다 주는 일 말이다. 그래서 많은 이들이 건물주가 되기를 소망한다. 때 되면 임대료가 통장으로 꼬박꼬박 들어오니까. 하지만 책 읽는 사람들은 빌딩을 살 필요가 없다(사실 빌딩 살 돈도 없다). 책을 읽고 아이디어를 건지면 가만히 있어도 돈을 벌어다 주는 콘텐츠를 만들 수 있으니까. 게다가 빌딩 한 채를 사려면 최소 수십억 원은 있어야 하지만 책은 얼마 하지도 않는다. 도서관에 가면 얼마든지 공짜로 볼 수도 있다.

그렇다면 책을 읽고 떠올린 아이디어가 돈이 될지 안 될지 어떻게 알 수 있을까? 이 역시 책을 읽으면 저절로 알게 된다. 어떤 아이디어가 성공할 가능성이 있는지 알려면 시대를 읽고 미래를 예견할 수 있어야 하기 때문이다. 지금 이 순간 사회가 어떻게 돌아가고 있는지, 앞으로 어떤 미래가 다가올지 알아야 하는데 그걸 알려면 책밖에 없다.

역사와 철학을 공부하면 당연히 알 수 있다. 최진석 교수의《인간이 그리는 무늬》라는 책이 바로 그런 얘기를 들려준다. 책을 읽으면 과거엔 인간이 어떤 무늬를 그렸는지, 앞으로는 어떤 무늬를 그려나갈지 알게 된다는 것이다. 그러면 내가 무슨 일을 해야 할지 알게 되고, 내가 지금 떠올린 아이디어가 성공 가능성이 있는지도 알게 된다.

어떤 사업이 잘될지 알고 싶다면 책을 읽어라. 책을 읽으면 세상에 관심이 생기고 관찰력이 생긴다. 그러면 실패하기가 더 어려운 일이 될 것이다.

해체하고 다시 조립하라

아이디어가 막힐 때면 개그맨들이 꼭 하는 얘기가 있다.

"하늘 아래 새로운 건 없어. 기존의 아이디어를 어떻게 재창조하느냐가 문제지. 그걸 생각해보자."

하늘 아래 새로운 것이 없진 않다. 정말 힘들게 탄생할 뿐이다. 다행히도 우리는 창조는 잘 못할망정 대입은 잘한다. 공식이 하나 있으면 거기에 대입해서 답을 내도록 교육받아왔다. 모방도 잘한다. 이 모방과 대입이 바로 편집이다. 편집이 무엇인가? 기존에 있는 것들을 어떤 목적 아래 순서를 바꾸고 다시 조합하는 것이다. 사실 이 행위는 창조에 가깝다.

우리가 살아가는 세상에는 매 시간 엄청난 정보들이 쏟아진다. 이런 정보를 그냥 멍하니 바라만 본다면 절대 내 것으로 만들 수 없다. 반드시 어떤 목적을 가지고 바라봐야 편집이 가능하다. 관심 있는 분야, 하고 싶은 일을 늘 가슴에 품고 정보를 읽어야 한다. 책에서 얻는 정보가 가장 좋긴 하지만 텔레비전이든 인터넷 포털 사이트든 SNS든 강의든 상관없다. 정보를 수집해서 나만의 아이디어를 만들어보자. 순서를 바꾸고 덧붙이고 빼고 재조합해서 나만의 것을 기획해보자.

쉬운 예로 요즘 커피숍과 빵집을 결합해 성공한 가게들이 많다. 예전엔 빵집에서 커피를 팔지 않았다. 그런데 언제부터인지 빵과 커피를 같이 팔기 시작했고 지금은 대세가 됐다. 이런 게 편집이다.

한식 뷔페는 어떤가? 이 역시 편집이다. 기존의 뷔페와 달리 한식으로만 세팅했을 뿐 세상에 없던 새로운 것이 아니다. 만약 '면'을 주제로 편집한다면 이런 가게도 가능하다. 스파게티, 냉면, 쫄면, 라면, 우동, 메밀국수, 잔치국수, 비빔국수, 칼국수, 쌀국수, 콩국수 등 모든 면이 모여 있는 뷔페. 이런 식으로 아이디어를 내면 된다(지금 글을 쓰면서 떠올린 아이디어인데 꽤 괜찮은 것 같다. 요즘 사람들은 워낙 면을 좋아한다. 아이들도 좋아하고 노인들도 좋아한다. 세상의 모든 면을 먹을 수 있는 면 뷔페, 어떤가?).

학원도 마찬가지다. 만약 학원을 차리고 싶다면 뭘 가르칠 텐가?

수학, 영어, 체육, 음악, 미술, 국어. 이건 너무 빤하지 않은가? 그래서 요즘은 외국어 수업을 병행한다. 어린이 발레 교실인데 영어로 가르친다. 키 크기 농구 교실에서도 태권도장에서도 영어로 가르친다. 아마 중국어로 가르치는 곳도 있을 것이다.

피카소의 입체주의가 편집의 정수라 할 만하다. 해체 후 재조립! 일단 대상을 흩어놓고 내 맘대로 다시 짜 맞춘다. 피카소의 그림을 보면 눈 밑에 발바닥이 있고 코는 머리에 붙어 있다. 괴이하다. 하지만 그의 그림이 경매에서 얼마를 호가하는지 아는가?

스스로 검열하고 스스로 이건 아니라고 판단하지 마라. 그래서는 절대 발전이 없다. 오히려 더 이상하게 편집해보라. 음악도 늘 배워온 멜로디의 전개 말고 틀을 벗어나서 편집해보자.

편집을 알면 세상을 지배할 수 있다. 편집을 배우려면 책을 읽어야 한다. 우선 마쓰오카 세이고의 《지의 편집》과 김정운의 《에디톨로지》를 읽어보자. 《지의 편집》에서는 모든 인간에게는 편집 능력이 있다고 말한다. 주부가 집안일을 할 때도, 아이들이 놀이터에서 뛰어놀 때도 인간의 편집 능력을 볼 수 있다. 역사 또한 편집된 것이다. 《에디톨로지》는 창조란 곧 편집이라고 역설한다. 김정운 교수 특유의 유머와 쉬운 글쓰기로 술술 잘 읽힌다.

끝을 보는 게 중요하다

나는 책을 읽으면서 얼마나 많은 아이디어를 떠올렸는지 모른다. 그런데 그 아이디어를 행동으로 옮긴 적은 그리 많지 않았다. 행동에 나섰다 해도 끝을 본 적이 거의 없었다. 돌이켜보면 시작만 하고 끝을 보지 못한 일이 너무 많다.

성공하든 실패하든 끝을 보는 게 중요하다. 가장 쉬운 예가 연애다. 결혼을 하든 결별을 하든 끝을 봐야 한다. 질질 끌다간 상대방 인생마저 힘들게 할 뿐이다. 책 읽기에서 끝을 본다는 것은 임계점을 넘는다는 얘기다. 집중해서 폭발적으로 독서해야 임계점을 넘는 순간이 온다. 또 다른 나로 태어나는 순간이다. 창업을 마음먹고 행동에 나섰다면 시스템이 저절로 돌아갈 때까지 목숨 걸고 해야 한다. 사느냐 죽느냐의 순간까지 가봐야 한다. 중간에 흐지부지하면 안 된다.

빛나는 아이디어가 수백 가지 있다 한들 행동하지 않으면 무슨 소용인가? 성공하든 실패하든 행동으로 옮겨서 끝을 봐야 내 인생이 바뀌지 않겠는가? 세스 고딘의 《더 딥》을 읽고 나서 나는 절실히 깨달았다.

'그동안 수많은 아이디어를 펼쳐만 놓고 마무리를 못 지었구나.'

'연애도 마무리를 못 하고 질질 끌고만 있구나. 끝을 봐야 해.'

그래서 나 혼자 결혼 계획을 세웠고 결혼에 성공했다. 전 재산을 투자한 메밀국숫집 역시 끝을 봐야 했다. 오로지 가게의 성공만 생각하며 뛰어다녔다. 덕분에 가게는 첫해부터 기대 이상의 매출을 올렸고 이제는 책을 쓸 수 있는 여유도 생겼다. 지금 이 글도 가게 카운터에 앉아 무릎 위에 노트북을 올려놓고 쓰고 있다. 날씨 때문에 오늘은 손님이 좀 뜸하다. 이렇게 한가한 시간에는 글을 쓰면 된다. 이젠 손님이 뜸하다 해서 걱정하거나 불안해하지 않는다.

이런 자유로움을 갖게 된 게 다 책을 읽고 얻은 아이디어를 행동으로 옮겼기 때문이다. 출판사와 계약도 했으니 이제 책이 나오면 끝을 보는 것이다. 책이 잘 팔리고 안 팔리고는 중요하지 않다.

좋은 아이디어가 있다면 당장 실행하라. 행동으로 옮길 돈이 없다고? 그럼 돈을 구하는 방법을 알려주는 책을 읽으면 된다. 아니면 돈 없이 시작하는 방법을 알려주는 책도 있다. 책을 읽으면 반드시 돌파구를 찾을 수 있다.

나는 아이디어를 행동으로 옮겨서 성공한 적보다 실패한 적이 훨씬 많다. 그럼에도 금전적인 손해는 거의 보지 않았는데, 주로 돈 들이지 않고 아이디어로 승부를 볼 수 있는 콘텐츠들을 만들기 때문이다.

책을 읽으면서 생각하라. 이 내용을 어떻게 아이디어로 바꿀까? 이 아이디어를 어떻게 콘텐츠로 만들까? 내가 잘하는 일과 어떻게 연결할까? 그렇게 책을 읽다 보면 아이디어가 저절로 떠오르는 순간이 온다. 때로는 아이디어가 너무 넘쳐나서 문제일 정도다.

문제는 행동으로 옮기는 게 쉽지 않다는 것이다. 이것도 자꾸 연습해봐야 한다. 일단 자기 자신부터 파악하자. 내가 할 수 있는 일, 내 재능은 무엇인지 글로 써보라. 가족한테 도움을 받을 수 있는 부분은 무엇이고, 내 친구들은 어떤 능력을 가지고 있는지도 적어보자. 그러면 내가 얻은 아이디어를 실행하기가 더 쉬워진다.

한 가지 덧붙이자면, 당장 실행하라고 해서 모든 걸 당장 실행하란 얘기는 아니다. 예컨대 은퇴하자마자 퇴직금으로 프랜차이즈 창업에 뛰어들면 안 된다. 성공할 확률이 5퍼센트밖에 되지 않는다. 여기서 실패하면 회복하기가 쉽지 않다.

할까 말까 고민 중인 사업을 당장 실행하라는 말이 아니다. 준비를 위한 실행을 하라는 것이다. 지금 당장 독서 습관을 만들기 위해 책을 읽으라는 말이다. 뱃살을 빼기 위해 운동을 하고 식단을 짜라는 말이고, 아이디어를 짜고 기획하는 능력을 키우기 위해 자료 수집을 하라는 말이며, 건강히 오래 살기 위해 담배랑 술을 끊으라는 말이다. 다이어트는 내일부터! 독서는 다음 달부터! 금연은 새해부터! 이런 말들을 하면서 끝없이 미루지 말라는 말이다.

내가 팔 수 있는 것은 무엇인가

우리는 무언가를 팔아서 살아간다. 노동력을 팔고 지식을 팔고 경험을 팔고 예술적 재능을 판다. 일단 당신이 팔 수 있는 모든 것을 모조리 생각해보라. 나도 한번 생각해보겠다.

일단 나는 개그맨이니까 아이디어를 팔 수 있다. 옥션에 입사할 수 있었던 것도 아이디어가 있었기 때문이다. 코미디를 만들어 팔 수 있고, 광고를 제작해서 팔 수 있으며, 행사를 기획하고 제작해서 팔 수 있다.

실제로 한 웹툰 회사의 광고를 따서 제작하기도 했고, 탤런트 손현주 형과 〈손현주의 드라마 콘서트〉를 만들어 공연했다. 2014년 완도

국제해조류박람회 공연을 기획하고 포스터 디자인 아이디어를 내기도 했다.

또 창작 뮤지컬을 쓰고 제작해 팔 수 있다. 8년 넘게 창작 뮤지컬을 만들고 있고 요즘엔 학생들도 가르친다. 강의도 팔 수 있다. 고등학교와 대학교에서 방송과 뮤지컬에 대한 강의를 했다. 웃음과 책에 대한 특강은 이미 셀 수 없이 많이 다녔다. 요즘엔 군대에도 강의하러 많이 간다.

책을 써서 팔 수 있다. 이 책이 두 번째 책이다. 연예인 전문 출판사도 기획 중이다. 내가 책을 써봤기 때문에 책 쓰기를 두려워하는 연예인들도 편안하게 출간하도록 도울 수 있다. 그 책들로 서점을 운영하고 싶다. 나중엔 연예인들이 기증한 책들로 도서관을 짓고 싶다.

연기자로서 나 자신을 팔 수 있다. 코미디, 드라마, 영화, 연극, 뮤지컬 등 모든 장르가 가능하다. EBS에서 낚시 방송도 해봤다. 돌잔치, 회갑잔치, 기업 행사 등 각종 행사의 사회자로서 나를 팔 수 있다.

또 음식을 팔 수 있다. 지금 메밀국숫집을 하고 있고 다른 식당도 얼마든지 할 수 있다. 내가 일곱 살 때부터 우리 집은 40년 가까이 식당을 해왔다. 한정식집, 횟집, 고깃집, 호프집, 커피숍, 학사주점, 아귀찜집, 분식집 등 경험이 탄탄하다.

농산물도 팔 수 있다. 이미 '원시시대'라는 브랜드를 만들어놓았다.

자연 재배 농산물을 키워서 팔고 싶다. 이 사업은 시간이 좀 걸린다. 10년에서 20년까지 생각하고 있다.

자연 재배란 유기농 재배와도 다르다. 농약은 물론 유기 비료도 뿌리지 않고 자연 상태 그대로 재배하는 방식이다. 자연 재배한 채소는 모양뿐 아니라 맛도 다르다. 상추는 훨씬 더 쌉쌀하고 겨자잎은 훨씬 더 맵다. 벌레를 물리치려는 채소의 자구책이 발동하기 때문이다.

이 아이디어 역시 책에서 얻었다. 이미 자연 재배 농산물이 점점 자리를 잡아가고 있다. 한국에서도 앞으로는 이런 농산물이 잘 팔리게 될 것이다(이 책을 쓰는 사이 살충제 달걀 파동과 갖가지 먹거리 파동이 일어났다. 소비자는 안전한 먹거리를 강력하게 원하게 됐다. 이 또한 책이 알려준 것이다).

해산물도 팔 수 있다. 〈어부의 만찬〉이라는 프로그램을 진행하면서 수많은 어부와 인연을 맺었다. 현지에서 바로 잡은 싱싱한 생산물을 직거래할 수 있다. 막노동도 할 수 있다. 타고난 체력 덕분이다. 대학 등록금은 모두 막노동으로 벌었다.

이런 식으로 내가 팔 수 있는 모든 것을 적어보자. 최대한 많이 적어보자. 생각보다 팔 것이 없어서 놀랄 수도 있고, '아, 이런 것도 할 수 있지!' 하고 놀랄 수도 있다. 대부분은 후자일 것이다.

아서 밀러의 희곡 〈세일즈맨의 죽음〉에는 이런 대사가 나온다.

"이 세상에서 우리가 가진 것은 우리가 팔 수 있는 것뿐이네. 그런데 웃기는 건 자네가 세일즈맨이면서 그걸 모른다는 거야."

우리도 그렇지 않은가? 스스로 팔 수 있는 것이 얼마나 많은지 모른 채 그저 대기업에 취직하고 공무원 시험에 합격하려고 한다.

다니엘 핑크의 《파는 것이 인간이다》에서도 인간은 누구나 무언가를 팔고 있으며, 그것이 인간 본성이라고 말한다. 외향적인 사람이 세일즈를 잘한다는 건 오해이며, 무언가를 판다는 건 빼앗는 게 아니라 자원을 끌어내는 거라는 내용이 인상 깊었다. 한번 읽어보길 권한다.

일단 자신이 팔 수 있는 것들을 체크해보고 그걸 돈으로 바꿀 방법을 찾아보자. 그것이 아이디어다. 그 순간 당신은 CEO가 되는 것이다. 어떻게 팔아야 할지 방법을 모르겠다면 책을 읽으면 된다. 팔 것이 없는 사람도 책을 읽으면 생긴다.

애깃거리를 만들어라

아이디어로 리마커블한 것을 만들어보자. 우리가 가슴 깊이 새기고 살아야 할 단어, 리마커블remarkable. 알다시피 '주목할 만한, 눈에 띄는'이라는 뜻이다. 그런데 난 이 단어를 알고 있으면서도 진짜 리마커블한 것이 무엇인지 몰랐다. 《보랏빛 소가 온다》를 읽고서야 비로소 그 진정한 의미를 알게 됐다.

푸른 들판에서 풀을 뜯는 소들은 다 똑같아 보인다. 한 마리 한 마리 저마다 특성이 있겠지만 구분이 안 된다. 하지만 이 가운데 보랏빛 소가 있다면? 대번에 눈에 띌 것이다. 보랏빛 소는 특별하고 재미있다. 즉 지루하지 않다.

리마커블의 핵심은 지루하지 않다는 것이다. 처음부터 지루한 상품을 파는 사람은 없다. 하지만 지금은 대박 아이템이라도 언젠가는 지루해진다. 지루해지는 시점을 빨리 알아차리는 게 중요하다. 애플이 아이폰 시리즈를 계속 만드는 이유다.

내가 본 리마커블한 가게들이 있다. 파주에 있는 유명한 장어집이 가장 먼저 떠오른다. 이 집에서는 공깃밥을 안 판다. 장사가 너무 잘돼 밥할 시간이 없기 때문이다. 이 집에 갈 때는 밥을 싸 가야 한다. 재미있다. 재미있으니 얘깃거리가 돼서 저절로 홍보가 된다.

"그 집은 공깃밥을 안 파니까 밥을 싸 가야 한대. 장사가 얼마나 잘되면 밥할 시간도 없을까?"

이 말을 들으면 그 식당에 얼마나 가고 싶겠는가? 나도 얼마 전에 또 가봤다. 장어집 옆에 편의점이 생겨서 즉석밥과 장어랑 같이 구워 먹을 수 있는 소시지 등을 팔고 있었다. 이 편의점도 장어집에서 운영하는 것 같은데 여기 매출도 엄청날 듯하다. 요즘 누가 밥을 싸 들고 가겠는가.

한성대 입구 쪽에 삼대가 덕을 쌓아야 먹을 수 있다는 돼지목살 전문집이 있었다. 내가 먹어본 돼지목살 가운데 최고였다. 목살이 두꺼워 속이 익으려면 겉이 탈 것 같은데 전혀 그렇지 않다. 사장님의 양념 비법 때문이라고 한다. 정말 맛있다. 그런데 더 먹고 싶어도 추가 주문이 안 된다. 매일 일정량만 준비하기 때문에 많은 사람에게 골고루 판매하기 위해서란다. 재료가 떨어지면 바로 문을 닫는다.

이 집에서 가장 인상적이었던 부분은 사장님이 고기 굽는 모습이었다. 목살이 두꺼워 초벌구이가 되어 나오는데 초벌구이를 할 때 사장님은 오른손으로 고기를 구우면서 왼손은 높이 치켜들고 춤을 춘다. 이유는 모른다. 고기 맛이 기가 막히니까 춤추는 사장님 모습이 더 신비롭고 특별하게 보인다. 다른 사람들한테 막 떠들고 싶어진다. 확인된 바는 없지만 사장님이 서울대 출신이라는 소문도 있다. 원래 고수가 되면 그를 둘러싼 소문이 무성해지는 법이다.

선글라스는 연예인이면 누구나 쓴다. 연예인이 아니라도 다들 쓴다. 결코 특별한 물건이 아니다. 이런 선글라스를 리마커블하게 만든 사람이 가수 박상민이다. 절대 벗지 않는 선글라스이기에 리마커블한 것이다. 그런데 박상민이 노래를 못해도 그의 선글라스가 리마커블할까? 절대 그렇지 않을 것이다.

이런 기본은 반드시 지켜야 한다. 가수는 노래를 잘해야 한다. 식당은 음식맛이 좋아야 한다. 어떤 것이 됐든, 팔려고 하는 상품은 일단 좋아야 한다. 좋은 상품이 너무 많아서 안 팔리는 세상이다. 먼저 좋은 상품을 만들고, 지루해지지 않게 해야 한다. 지루해질 때는 조금만 바꾸면 리마커블해진다. 방향을 살짝 바꾸고 뒤틀어보자. 바로 리마커블해질 수 있다.

이런 리마커블함이 얘깃거리가 된다. 상품에 스토리가 있어야 한다는 얘기를 많이 들었을 것이다. 난 처음에 "그게 무슨 말이야?" 했고, 그다음엔 "무슨 말인지 알겠는데 그럼 스토리를 어떻게 만드는 거야?" 했다. 바로 이런 것들, 그러니까 선글라스를 절대 벗지 않고, 춤을 추며 고기를 굽고, 공깃밥을 팔지 않는 행위들이 스토리가 되는 것이다.

그래서 나도 아이디어를 내봤다. 사우나에 가면 개인 사물함이 있다. 그 안에 치약과 칫솔, 샴푸와 비누 등을 보관해두는 사람들을 속으로 부러워했던 적이 있다. 그래서 개인 사물함 아이디어를 살짝 바꿔서 개인 수저함을 생각했다.

식당 한쪽 벽에 숟가락과 젓가락 한 쌍이 들어갈 수 있는 칸을 수백 개(어쩌면 수천 개) 만든다. 손님의 개인 수저를 만들어 수저함에 넣고 가나다순으로 칸마다 넣어놓는다. 물론 만들기가 상당히 어렵기 때문에 내가 이 아이디어를 실행할 가능성은 작다. 하지만 어떤 식당에 이런 수저함이 있다고 생각해보라. 사람들이 얼마나 흥미진진해하겠는가?

이런 식으로 내 사업에, 내 상품에 얘깃거리를 만들어보자. 먼저 얘깃거리가 될 만한 것으로 뭐가 있는지 돌아보라. 아무것도 없다면 정말 큰일이다. 당장 얘깃거리를 만들어라. 완전히 새로운 아이디어가 필요한 것은 아니다. 약간의 노력으로 얼마든지 리마커블하게 만들 수 있다. 그래도 혼자 도저히 못 만들겠다면 나한테 연락하기 바란다. 개그맨들과 함께 가서 아이디어를 구상해주겠다('스토리를 만들어드립니다'라는 사업을 해도 좋겠다는 생각이 지금 들었다. 개그맨들은 이런 아이디어를 정말 잘 내놓는다. 연락이 많이 오면 본격적으로 사업화해봐야겠다).

이렇게 글을 쓰면서도 아이디어가 마구 샘솟는다. 이런 시간이 행복하다. 그야말로 무에서 유를 만들어내는 게 아닌가!

식당에 관한 세 가지 아이디어

이승윤의 《구글처럼 생각하라》를 읽다가 식당에 관해서만 세 가지 아이디어를 얻었다.

1. 돈도 벌고 이웃도 돕고

먼저 원하는 만큼만 음식값을 지불하는 PWYWPay What You Want 식당이다. 식당에서 밥을 먹고 원하는 만큼만 돈을 내게 한다면 사람들은 얼마를 낼까? 수지가 안 맞아 결국 식당이 망하지 않을까? 《구글처럼 생각하라》에 의하면 망하지 않는다. 오히려 매출이 늘어난다. PWYW 정책을 편 식당들을 조사해보니 손님들은 음식값으로 평균

15퍼센트 정도 적은 돈을 내긴 했지만 입소문이 나서 전체 매출은 오히려 증가했다고 한다.

정말 좋은 아이디어 아닌가? 음식에 만족한 만큼 돈을 내는 식당, 이거 정말 괜찮다. 대신 모든 식당이 이렇게 한다고 성공하는 것은 아니다. 일단 장인정신을 가지고 음식을 만들어야 한다. 어떤 식당에 가보면 정말 돈을 더 내고 싶은 곳이 있다. 맛이 있어서, 재료가 좋아서, 양이 많아서 등의 이유로 "이런 가격에 팔면 뭐가 남아?"라고 말하게 되는 식당이다.

흔한 스타일이 아니라 자신만의 개성과 정성이 듬뿍 담긴 음식을 파는 식당이라면 기꺼이 해볼 만하다. 또 하나, 가격에 비해 정말 많이 주는 식당도 해볼 만하다. 사람들이 식당에서 감동받는 것은 대부분 두 가지 이유 때문이다. 음식이 맛있거나 양이 푸짐하거나. 이 두 가지 가운데 한 가지를 할 수 있다면 승산이 있다.

일단 애쓰지 않아도 홍보가 될 것이다. TV 광고를 할 필요도 없다. SNS를 타고 순식간에 입소문이 날 것이다. 홍보비가 크게 절약된다. 손님들이 음식에 만족하고도 돈을 적게 낸다 해도 궁극적으로는 오히려 수익을 더 낼 수 있다.

나도 꼭 이런 식당을 만들고 싶다. 아무래도 부자 동네에 차리면 음식값을 더 내지 않을까? 게다가 돈이 없는 사람에게는 얼마나 고마운 식당인가. 그가 정말 맛있게 먹고 간다면 돈을 벌어 다시 찾아와 기꺼이 값을 후하게 쳐줄 것이다. 설사 그런 일이 일어나지 않는다 해도 이런 식당을 운영함으로써 남을 도울 수 있다. 참 착한 식당이다.

강정규의《유배지에서 보낸 정약용 편지》는 정약용 선생이 18년간 귀양을 살면서 두 아들에게 보낸 편지들을 묶은 책이다. 이 책에는 돈을 마음으로 쓰라는 얘기가 나온다. 마음으로 쓰는 돈이 가치가 오래 간다고 한다. 남을 도우라는 말이다. 그런데 자선을 하고 싶어도 실천할 짬이 없고, 막상 돈을 내려 하면 망설여지는 등 이런저런 이유로 남을 돕기가 쉽지 않다. 하지만 이런 식당에 가서 음식을 먹고 돈을 넉넉히 지불하면 그 자체로 남을 돕는 게 아니겠는가.

이런 식당에서 손님이 결제할 때는 본인 입으로 얼마를 내겠다고 말하는 난감한 상황을 겪지 않도록 금액이 표시된 버튼을 눌러 스스로 결제할 수 있게 해야 한다. 이때 금액의 단위는 3000원이 좋겠다. 만약 최소 금액을 5000원으로 정한다면 그다음 액수가 8000원, 1만 1000원, 1만 4000원 하는 식으로 말이다. 1000원 단위로 너무 세분화하면 결정하는 데 오래 걸린다. 결정을 빨리 하게 도와주려면 3000원 단위가 좋다.

난 꼭 이런 식당을 차리겠다. 책을 읽다가 이런 아이디어가 떠오르면 흥분되면서 기분이 좋아진다. 열정이 샘솟는다. 왠지 무기력하고 사는 게 재미없다면 책을 읽고 아이디어를 짜보라. 몸과 마음이 활기를 되찾게 될 것이다.

2. 맛없어서 좋은 식당

《구글처럼 생각하라》는 청개구리 심리에 대해서도 다룬다. 미국에서 금주법이 생기자 오히려 술 소비량이 증가한 예를 들며, 기업이 무언가를 강요한다는 느낌이 들면 소비자들은 그 반대로 행동한다는 사실을 알려준다.

이 부분을 읽다가 내가 자주 가는 라이브 카페가 떠올랐다. 그곳은 영업 중에 문을 잠가놓는다. 문을 닫고 장사를 하는 것이다. 이태원에 있다가 신사동으로 옮겼는데 이태원 시절엔 가게 문 앞에 이렇게 쓰여 있었다.

이왕 오신 분들은 어쩔 수 없지만
굳이 소개하여 다른 사람을 데리고 오진 마세요.

이 글을 읽고 내가 어떻게 했을까?

맞다. 더 많은 사람을 데리고 갔다. 지금 신사동 가게도 사장님 전화번호 뒷자리로 된 비밀번호를 눌러야 문이 열리고 가게 안으로 들어갈 수 있다. 친구들을 데려가서 능숙하게 비밀번호를 누를 때의 그 뿌듯함이란!

책을 읽고 나는 생각했다.

'오, 맞아! 청개구리 심리! 나도 하지 말라고 하면 더 하잖아. 이런 게 또 뭐가 있을까? 재미있는데 재미없다고 하고, 맛있는데 맛없다고 하고……. 흠, 맛없는 식당?'

이런 생각의 흐름 끝에 맛없는 식당이라는 아이템을 만들었다. 일단 식당 간판에 적힌 이름은 무조건 '맛없는 식당'이다. 호기심이 가지 않는가? 그럼 진짜 맛이 없는 식당일까? 이제 콘셉트를 설명해보겠다.

이 식당이 맛없는 식당인 이유는 조미료를 전혀 쓰지 않기 때문이다. 조미료를 쓰지 않으니 맛이 없을 수밖에 없다. 양념도 세지 않고 간도 심심하다. 하지만 건강에 좋다. 조미료 없이 집에서 정성 들여 지은 밥 같은 음식을 파는 맛없는 식당, 어떤가? 조미료 안 쓰고 장인정신으로 요리할 분은 이 이름으로 해보시라. 나한테 메일 한 통만 보내주면 이 아이디어를 거저 드리겠다. 먼저 찜하는 사람이 임자다.

3. 건강해지면 선물 드려요

게이미피케이션gamification이라는 마케팅 기법이 있다는 것도 《구글처럼 생각하라》를 읽고 알았다. 게이미피케이션은 게임이 아닌 분야에 게임 요소를 적용해 서로 경쟁하게 함으로써 사람들을 자발적으로 움직이도록 하는 것이다.

내 가게에도 게임하듯이 경쟁할 수 있는 뭔가 재미있는 게 없을까? 메밀국수 빨리 먹기 대회? 아니면 누가누가 매운 비빔메일 잘 먹나 시합? 흠, 둘 다 아니다. 재미있되 유익한 것이어야 한다.

혈압 정상화 게임을 생각했다. 메밀의 효능 가운데 혈압 조절 기능이 있다. 높은 혈압은 낮춰주고 낮은 혈압은 올려준다고 한다.

우선 가게에 혈압측정기를 설치한다. 손님들은 가게에 올 때마다 혈압을 잰다. 처음의 수치와 비교해서 혈압을 가장 잘 조절한 손님이 게임의 승자다. 한 달 주기로 가장 많은 수치를 낮추거나 올려서 정상 혈압에 가까워지면 멋진 경품을 받을 수 있다. 이 손님은 한 달에 최소 한두 번은 가게에 올 것이다. 비교를 해야 하니까.

가끔 메밀국수를 먹는다고 혈압이 정상이 되진 않을 것이다. 하지만 경품에 관심이 있다면 집에서 운동도 하고 식사 조절도 하면서 게임에 참여할 것이다. 그리고 병원에 가지 않아도 혈압을 체크해볼 수 있으니 얼마나 좋은가?

손님의 건강을 돕겠다는 마음을 전달하는 괜찮은 아이디어다. 내가 생각했지만 참 좋다. 이렇게 책을 읽고 하나씩 아이디어를 건져 올릴 때마다 짜릿한 쾌감을 느낀다.

책은 정말 보물밭이다. 누구든지 그 밭에서 보물을 캐면 된다. 아니, 그냥 주우면 된다.

실행해서 보배가 된
아이디어

내가 실행한 아이디어들 가운데 가장 마음에 드는 것 하나가 어린이 재난 방지 뮤지컬이다. 김학영, 지영환의《생존 매뉴얼 365》를 읽다가 떠올린 아이디어다. 이 책은 교통사고나 화재 시 대처법은 물론 해파리에 쏘였을 때 응급처치법, 침몰하는 배에서 탈출하는 법, 해외여행 갔다가 테러단체에 납치됐을 때 대응 요령 등 우리가 살면서 겪을 수 있는 거의 모든 재난에서 살아남는 법을 알려준다.

이 책을 찾아 읽은 건 화재 경험 때문이었다. 직접 경험한 건 아니고 옆에서 지켜본 일이었지만 얼마나 당황했는지 모른다.

어느 날 우리 가게 옆 건물에 불이 났다. 불길이 번지는 게 보였지만, 나를 포함해 10명 정도가 그 자리에서 발만 동동 굴렀다.

"어떡하지? 아, 어떡하지? 이제 진짜 어떡해야 하지?"

119 신고는 진작 했지만 소방차는 왜 그리 더디게 오는 것만 같던지. 급한 일이 닥치니까 머릿속이 하얗게 되고 당장 뭘 어떻게 해야 할지 몰랐다. 불이 더 번지면 내 가게도 불타고, 그럼 나는 망한다는 생각만 들지 다른 건 아무것도 생각나지 않았다.

어른도 이런데 어린이들은 위기 상황에 맞닥뜨리면 얼마나 당황하겠는가? 그래서 어린이들을 위해 위기 상황에서 빠져나올 수 있는 매뉴얼을 노래로 만들었다.

노래의 힘은 대단하다. 난 초등학교 때 노래로 외운 20색상환을 아직도 정확하게 안다. "태극기가 바람에 펄럭입니다"로 시작하는 동요의 멜로디에 "빨다주귤 노노연풀녹초청바 파감남남 보붉자연 이십색상환"이라고 가사를 붙여 만든 노래다. 이 색상들을 동그랗게 그려놓은 게 20색상환이고, 서로 마주 보는 색깔이 보색이다. 40년 가까이 지났는데도 여전히 기억하고 있다. 아무리 위기에 처해 머릿속이 하얗게 되더라도 누가 20색상환을 대라고 하면 난 노래를 부르면서 얼마든지 말할 수 있다.

이 점에 착안해서 위기별 매뉴얼을 노래로 만들고 뮤지컬을 기획했다. 다음은 어린이 재난 방지 뮤지컬에 나오는 노래 가운데 하나다.

애들아, 불이 났을 땐 이렇게 외쳐요.

하나, 불이야 하고 외쳐요.

둘, 119에 신고해요.

셋, 물에 적신 수건으로 입과 코를 막아요.

넷, 자세를 낮춰서 거북이처럼 엉금엉금 기어요.

다섯, 아래층으로 내려가요.

단 연기가 밑에서 올라오면 옥상으로 올라가요.

이때 엘리베이터에는 타면 안 돼요.

손잡이가 뜨거우면 문을 열지 말아요.

이런 식으로 노래를 만들어서 평소에 자주 불러보면 실제로 불이 나도 얼마든지 침착하게 대피할 수 있다. 이 외에도 교통사고, 감전 사고, 놀이터 사고, 물놀이 사고 등 수많은 상황에 스토리를 입혀 뮤지컬로 기획해 제작 중이다. 많은 어린이가 이 뮤지컬 덕에 재난 대응 능력을 키우리라 생각하면 무척 행복해진다.

책을 한 권 선택해서 무조건 아이템 하나는 만들겠다고 작정하고 읽으면 아이디어가 떠오른다. 책을 읽는 내내 이 내용을 어떻게 아이디어로 바꿀 수 있을지 집중해보라. 생각지도 못했던 아이디어를 건지게 될 것이다.

많은 이들이 창업을 하고 싶고 내 사업을 하고 싶어도 아이디어가 없어서 걱정이라고 말한다. 그래서 기존의 프랜차이즈로 몰려간다. 쉬운 길일지는 모르겠지만 성공 확률이 낮은 건 분명하다. 그러지 말고 책을 읽고 나만의 아이템, 내가 제일 잘할 수 있는 아이템을 만들어 보자.

아직 실행하지 못한 아이디어들

인간은 모두 외롭다. 연결하라.

_《이카루스 이야기》 중에서

커피숍에서 《이카루스 이야기》를 읽다가 이 문장을 보고 아이디어가 떠올라 책의 여백에 바로 메모했다. 이렇게 책에 메모해놓은 아이디어들이 언젠가 돈을 가져다준다.

세스 고딘에 따르면 창업의 영원한 화두는 '연결'이라고 한다. '페이스북'은 전 세계인을 연결한 것이다. '카카오택시'는 택시를 잡고 싶어 하는 승객과 손님을 태우고 싶어 하는 택시를 빠르고 편하게 연결한 것이다. '배달통'은 배달 서비스를 하지 않는 맛집과 그 집의 음식을 집에서 먹고 싶어 하는 사람을 연결한 것이다. '여기어때'도 연결이다. 깨끗하고 저렴한 모텔을 원하는 사람들과 그런 손님을 원하는 모텔을 연결한 것이다.

사실 요즘 나오는 모든 앱이 연결이라는 개념에 바탕을 두고 있다. 인터넷을 통한 연결경제의 시대에 돌입한 것이다. 자, 그럼 우리가 할 수 있는 연결에는 어떤 것이 있을까? 길을 걸을 때 간판을 보면서 이 집과 저 집을 연결해보자. 사람과 사람을 연결해보자. 사람과 동물을 연결해보자. 사람과 식물을 연결해보자. 사람과 건물을 연결해보자. 사람과 자동차를 연결해보자. 세상엔 아직 연결되지 않은 것들이 많다. 고민하고 집중하고 계속 연결하다 보면 나만의 연결 아이디어를 찾을 수 있다. 그 순간 당신은 스티브 잡스 같은 CEO가 되는 것이다.

나도 《이카루스 이야기》를 읽고 아이디어를 한번 짜봤다. 연결 중 최고의 연결은 남녀 간의 연결이다. 그래서 '러브 라인'이란 기계를 생각했다. 이 테이블과 저 테이블을 연결해주는 것이다. 여성들만 있는 테이블에 가서 합석하자고 했다가 거절당해본 적이 있는가? 굉장히 창피했을 것이다. 상황에 따라서는 그 여파가 오래갈 수도 있다. 이런 위험 부담 없이 원하는 사람끼리 서로 연결해주는 시스템이 러브 라인이다.

작동 원리는 이렇다. 모든 테이블에 장착된 벨(식당에서 직원을 호출할 때 누르는 벨보다 조금 크다)을 누르면 된다. 내가 1번 테이블에 앉아 있고 3번 테이블에 앉은 사람과 합석하고 싶다면 3번을 누르기만 하면 된다. 3번 테이블에 앉은 사람은 기계에 '1번'이라고 뜨면 1번 테이블을 눈으로 직접 보고 판단한 후 대답해주면 된다. '합석'과 '거절' 그리고 '일단 한 명만 와보세요' 버튼이 있다. 합석해도 될지 모호할 땐 한 명을 불러 얘기를 해보고 결정하면 된다.

전국에 실내포장마차, 소주방, 호프집이 얼마나 많은가? 비용도 많이 들지 않는다. 몇십만 원이면 기계를 설치할 수 있으니 주인으로서도 부담이 크지 않다.

"얘들아, 그 가게 가면 편하게 부킹할 수 있대. 대박이지?"

가게에는 스토리가 있어야 한다. 러브 라인은 충분히 스토리가 될 수 있다(러브 라인을 제작할 수 있는 분은 연락주시기 바랍니다. 동업합시다).

아직 연결되지 못한 분야가 얼마든지 있다. 자신이 잘할 수 있는 분야에서 연결할 부분을 구상해보라. 난 모든 사람이 온라인 연결에 관심을 가질 때 오프라인으로 눈을 돌려 러브 라인이라는 아이디어를 얻었다. 책에서 알려주듯이 확실히 자기가 좋아하는 분야에서 아이디어를 구상할 때 가장 잘된다. '즉석 만남' 말이다.

1. 세이브 커피방

앞으로는 획일적인 맛의 커피 전문점보다 개인이 자기만의 기술로 로스팅하고 블렌딩한 커피를 파는 가게들이 더 잘될 것이다. 그럴 수밖에 없다. 이젠 우리나라 사람들도 커피 맛을 꽤 안다. 뻔한 커피 말고 정말 맛있는 커피에는 한 잔에 몇만 원도 선뜻 쓴다. 다른 한편으로는 1000원짜리 커피가 살아남을 것이다. 1000원이라는 저렴한 가격에 비해 맛이 좋은 커피. 이제 중간은 없다. 점점 더 그렇게 될 것이다.

내가 지금 구상하는 가게는 1000원짜리 커피방이다. 인형뽑기방처럼 생겼다. 안에는 편의점에 있는 것과 같은 커피 머신이 대여섯 대 놓여 있고, 의자 없는 테이블이 있어 빙 둘러선 채 커피를 마시며 잠시 대화를 나눌 수 있다.

경기는 더 나빠지면 나빠졌지 좋아지지는 않을 것이다. 사람들은 커피값을 아끼고자 한다. 그래서 '세이브 커피방'이다. 커피방의 콘셉트를 만화 같은 그림으로 표현해 한쪽 벽면에 붙여두자. 내용은 이렇다.

"부장님 커피값을 세이브해드립니다. 부하직원 10명 데리고 와도 1만 원이면 끝!"

"출근하며 한 잔, 점심 후 한 잔, 오후에 졸릴 때 한 잔. 하루에 커피

값만 1만 원, 통 크게 세이브해드립니다. 한 달이면 30만 원, 1년이면 200만 원이 세이브됩니다!"

1000원짜리 편의점 커피가 잘 팔리고 있다. 하지만 편의점 커피는 맛이 한 가지다. 주는 대로 그냥 먹어야 한다. 하지만 나는 똑같은 1000원이지만 케냐 베이스 블렌딩, 시다모 베이스 블렌딩, 만델링 베이스 블렌딩, 콜롬비아 베이스 블렌딩 등 손님이 선택할 수 있도록 하겠다. 커피 공급원도 있다. 주변에 커피 관련 일을 하는 지인들이 꽤 있다. 찾아다니며 일일이 마셔봤는데 진짜 맛있다. 창업 자금도 5000만 원 미만으로 부담이 적다.

아르바이트생 한 명 두고, 디자인하는 후배도 있으니 컵도 예쁘게 디자인해달라고 할 계획이다. 어떤가, 대박 날 것 같지 않은가?

2. 여성 전용 무한리필 파스타

여성이 주 소비층인 시장이 중국과 인도 인구를 합한 것보다 훨씬 크다고 한다. 그도 그럴 것이 인류의 절반이 여성 아닌가. 그래서 생각해냈다. 여성 전용 무한리필 파스타. 여성들끼리 모여 주변 신경 안 쓰면서 허리띠 풀어놓고 한번 먹어보자는 콘셉트다.

손님 앞에 접시가 세 개 있다. 흰색은 크림, 빨간색은 토마토, 초록

색은 오일 파스타를 먹는 접시다. 테이블에는 접시와 같은 세 가지 색깔의 표지판도 있다. 원하는 파스타 색깔의 표지판을 들면 멋진 남자가 해당 파스타가 잔뜩 쌓여 있는 카트를 밀고 와서 원하는 만큼 덜어주고 간다. 그는 반드시 잘생겨야 한다. 송승헌, 장동건, 이정재 닮은 얼굴에 몸매도 끝내주는 멋진 남자들이 서빙을 한다. 수요일 하루는 남자 손님이 입장할 수 있는 날이다. '아빠 데이' 또는 '남친 데이'라고 부른다. 수요일 말고 다른 요일에 남자가 입장하고 싶으면 입구에 있는 노랑, 빨강, 무지개색 가발 가운데 하나를 쓰고 빨간 립스틱을 바르면 가능하다.

3. 미인을 유혹하는 떡볶이

나는 아내의 마음을 얻기 위해 10년 넘게 떡볶이를 연구했다. 내 아내 임지은이 세상에서 제일 좋아하는 음식이 떡볶이다. 처음엔 무조건 조미료를 넣어야 했다. 그래야 학교 앞에서 팔던 떡볶이 맛이 났다. 하지만 그녀를 감동시키기 위해 조미료 없이 완벽한 떡볶이 맛을 내봐야겠다고 다짐했다. 떡볶이는 정말 어려운 요리다. 재료가 많이 들어가지 않기 때문이다. 오로지 매운맛과 단맛의 조화로 승부해야 한다.

10년간 낚시터와 펜션을 오가면서 드디어 임지은을 매혹시킨 떡볶이를 완성했다. 먹을수록 숟가락질이 더 빨라지는 국물 떡볶이다. 조미료가 들어간 음식은 첫입이 맛있다. 찌릿하다. 그런데 먹다 보면 쉽게 질린다. 하지만 조미료 없이 천연 재료만으로 요리를 하면 첫입은 맹숭맹숭하다. 그런데 먹을수록 감칠맛이 난다. 먹을수록 당긴다. 갈수록 숟가락질이 빨라진다. 내가 완성했다. 미인을 유혹하는 떡볶이 사업, 같이하실 분 연락주시라.

4. 형님 포차

모든 종업원을 일명 '깍두기'로 만들어놓는다. 머리는 스포츠형으로 깎고 바지는 통 넓은 배바지를 배꼽 위까지 올려 입는다. 팔뚝엔 '차카게 살자' 같은 깜찍하고 유치한 문신도 하나씩 그려 넣는다.

형님 포차에 오는 모든 남자 손님은 형님이고 모든 여자 손님은 누님이다. 남자와 같이 온 여자 손님은 무조건 형수님이다.

손님이 들어오면 모든 종업원이 "어서 오십쇼, 형님" 하고 90도로 인사한다. 쏜살같이 달려가서 의자를 빼주며 큰형님 대접을 해준다. 주문받을 때도 깍듯하게 대답한다.

"네, 형님! 소주 한 병에, 형님! 닭발 하나에, 형님! 달걀말이 서비스요, 형님! 알겠습니다, 형님!"

첫 번째 메뉴가 나오면 모든 종업원이 그 테이블을 둘러싸고 허리

굽혀 인사한다.

"맛있게 드십쇼, 형님!"

함께 온 여자 손님이 있으면 무릎 꿇고 술을 따른다.

"형수님께 한잔 올리겠습니다, 형님!"

손님이 가장 많은 늦은 밤 시간엔 아래위로 하얀 양복을 빼입고 백구두를 신은 큰형님이 가게 안에 나타나서 외친다.

"얘들아! 1번 테이블하고 3번 테이블하고 합쳐드려라. 5번 누님들한테 서비스 하나 드리고."

형님 포차 아이디어를 낸 것은 일단 재미있어서다. 그리고 손님들에게 대접받는다는 느낌을 줄 수 있어서다. 남자들은 한 번쯤 꿈꿔보는 세계 아닌가.

지금 실내포장마차를 준비하고 있는 독자가 있다면 이 아이디어를 기꺼이 드리겠다.

5. 발자국 박물관

죽기 전에 땅끝마을에 한번 가보고 싶다는 사람이 많다. '땅끝'이라는 의미가 있는 곳이니까. 그곳에 발자국 박물관을 만들면 어떨까? '땅끝에 와서 발자국을 남긴다', 이거 충분히 얘깃거리가 되지 않는가? 연예인들이 핸드프린팅을 하는 것처럼 풋프린팅을 해서 박물관에 보관해주는 것이다. 그리고 1년에 한 번은 땅끝마을에 와서 보도록 한다. 박물관 입구에는 이렇게 써놓는다.

> 지난 1년간 걸어온 발자국을 돌아보자. 1년이 지난 지금 나는 어디를 걷고 있는가? 작년보다 나은 길을 걷고 있는가? 그렇다면 나를 칭찬해주자. 아니라면 지금부터 다시 힘차게 걸어보자.

해남군청 관계자 여러분, 땅끝마을에 발자국 박물관 만드실 의향 있으면 저한테 연락주세요.

6. 웃는 얼굴 마스크

코미디 박물관도 생겼다. 그곳에 오는 사람들에게 웃는 얼굴 마스크를 만들어준다는 아이디어는 어떤가? 환하게 웃는 얼굴을 떠서 마스크를 만들어 보관해주는 것이다(이 방법은 내가 수차례의 실험과 연습을 통해 개발해놓았다. 알고 싶은 분은 연락 주시길).

살다가 힘든 순간이 오면 찾아와서 활짝 웃었던 자신의 얼굴을 보라는 취지다.

'아, 나도 저렇게 웃을 수 있는 사람이지. 그래, 이제 웃자. 웃을 수 있도록 살아보자.'

이런 생각이 절로 들지 않겠는가?

7. 1등 재료로만 만든 음식을 파는 식당

식재료 가운데 최고로만 음식을 만들어 파는 식당이다. 1등 배추, 1등 쇠고기, 1등 고등어, 1등 쌀, 1등 사과 그리고 1등 요리사 등 최고들만 연결한다. 이 식당 정말 해보고 싶다. 얼마나 건강한 요리가 탄생하겠는가? 좀 비싸겠지만 먹고 싶지 않은가?

8. 독서열차

온종일 기차를 타고 가면서 책을 읽고 싶은 날이 있다. 내 아이디어는 이렇다.

❶ 왕복 12시간짜리 완행열차 코스를 준비한다.

❷ 객실 하나를 개조해서 도서관으로 만든다. 손님들은 이곳에서 책을 골라 읽을 수 있다.

❸ 기차를 타고 왕복하는 중간에 강의를 들을 수 있도록 객차 하나를 강의실로 한다.

❹ 책을 읽다가 가끔 창밖을 바라보며 사색에 잠긴다.

❺ 여섯 시간 정도 이동한 후에 도착지 주변에서 북 콘서트를 한다.

❻ 식사 후 한 시간 정도 산책하며 사색한다.

❼ 작가가 동행하여 식사 후에 도착지 주변에서 북 콘서트를 연다.

❽ 열차를 타고 돌아오는 여섯 시간 동안 책을 읽거나 사색을 하거나 오늘 일을 정리하면서 아이디어를 얻는다.

이런 독서열차가 있으면 정말 좋겠다. 코레일 관계자 여러분, 저한테 맡기시면 열심히 만들어볼게요!

4장

매출을 만드는 독서법

책 읽기 좋은 곳을 찾아라

새벽에 자다 깨 화장실에 가면서 조경란의 소설《나는 봉천동에 산다》를 들고 들어가 단숨에 다 읽었다. 나와 관계가 있는 책은 확실히 술술 읽힌다. 물론 책이 매우 얇기도 하다.

난 어떻게 봉천동에 살게 되었을까? 그것도 12년 동안이나.

MBC에 합격하고 나서 대방동에 보증금 300만 원, 월세 13만 원짜리 방을 한 칸 얻었다. 박명수 형이 와서 보고 여기서 어떻게 사람이 사냐며 눈물을 흘렸던 곳, 침대 모퉁이에 앉아 텔레비전을 보며 담배를 물면 담배 끝이 텔레비전 화면에 닿던 곳.

몇 년 후 보증금 2500만 원에 월 100만 원 하는 상도동 집으로 이사

했다. 방이 무려 두 개에 거실도 있었다. 한강에서 불꽃놀이를 하는 밤이면 내 방에 앉아 편하게 감상할 수 있었다. 63빌딩이 내려다보이던 그 집에서 하루 서너 시간씩 자면서 옥션도 다니고 방송국도 다녔다.

어느 날 보니 내게 집을 살 만한 돈이 모여 있었다. 생활정보지 한 부를 들고 가서 엄마한테 집을 사겠다고 말했다.

"아들아, 집은 잘 알아보고 투자가치가 있는 곳을 사야지?"

"알아볼 시간이 없는데? 어차피 투자할 집이 아니고 내가 살 집이니 그냥 살래."

생활정보지를 펼치고 볼펜으로 아무 데나 콱 찍었다.

봉천1동 6○○-○번지. 37평. 1억 7500만 원.

일단 가보자! 엄마와 나는 한걸음에 달려갔다.

베란다가 굉장히 넓은 집이었다. 4층짜리 빌라의 4층이었는데 3층까지는 32평 한 가구와 27평 한 가구, 모두 두 가구씩 살고 있었다. 4층만 37평 한 가구였다. 경사지라서 4층은 한 가구밖에 허가가 나지 않고 봉천동에서 40평 이상은 팔리지 않는다는 이유로 운동장만 한 베란다가 생긴 것이다.

"여기 밭을 하나 만들어주시면 제가 살게요."

저녁에 전화가 왔다.

"밭 다 만들어놨습니다."

그렇게 봉천동 주민이 됐다. 2002년 월드컵이 열리기 딱 석 달 전이었다.

이사한 지 얼마 안 돼 녹화가 끝나고 후배들을 우르르 이끌고 PC방에 갔다. 신나게 게임을 하고 있는데 택배 아저씨한테 전화가 왔다. 집을 못 찾겠다는 것이다. 게임 소리가 시끄러워 나도 모르게 목소리가 커졌다.

"세탁소하고 슈퍼 사이로 쭈욱 올라가면 봉천쉐르빌이라고 있어요."

"어디요?"

"봉천쉐르빌이요!"

"무슨 빌?"

"봉! 천! 쉐! 르! 빌!"

있는 힘껏 소리를 지른 그 순간 열댓 명이나 되는 후배들만이 아니라 PC방에 있던 모든 손님이 일제히 웃음을 터뜨렸다. 봉천쉐르빌. 그때까지 난 이 단어가 웃기다는 생각을 해본 적이 없었다. 처음 들었을 때 '봉천쉐르빌? 오, 이름 예쁜데?' 했다.

서울에서 봉천동이 어떤 이미지의 동네인지도 몰랐다. 난 1972년

경북 상주에서 태어나 그곳에서 20년을 살았다. 그러다 대전으로 옮겨 몇 년 살다가 1997년에 개그맨이 되면서 서울로 올라왔다. 그러니 어떻게 알겠는가. 그런데 조경란의 소설을 읽어보니 봉천동은 형편이 어려운 사람들이 모여 살았던 곳이다. 그래서인지 연예인이 왜 봉천동에 사느냐고 묻는 사람도 간혹 있었다.

봉식이, 봉구, 봉팔이, 구봉서! '봉' 자가 들어가면 무조건 웃기다. 지금도 후배들은 봉천쉐르빌 하면 웃는다. 이름만 말해도 웃는다. 나도 웃는다. 왜 봉천동에 사느냐고 물으면 지금은 이렇게 대답한다.

"웃기잖아요."

난 봉천쉐르빌이 정말 좋다. 15분만 열심히 걸으면 정상을 정복할 수 있는 국사봉이 바로 옆에 있다. 약수터가 있고 딱따구리가 사는 작은 산이다. 12년 동안 내 건강을 지켜줬다. 애인이랑 헤어지면 국사봉 바위에 앉아 책을 읽으며 아이디어를 짰다. 국사봉 정상에 서서 내려다보면 여의도가 한눈에 보인다. 앉은 채로 고개를 살짝 돌리면 63빌딩도 보인다.

'나중에 저걸 사야지.'

국사봉은 아픔을 참던 곳이고 새로운 꿈을 잉태하던 곳이다. 그야말로 와신상담하던 곳이다.

게다가 보라매공원까지 걸어서 10분이면 갈 수 있다. 보라매공원 최고의 장점은 500원만 내면 누구나 이용할 수 있는 독서실이 있다는 것이다. 진달래가 피는 계절엔 왼손에 커피 한 잔, 오른손에 책 한 권 들고 500원으로 온종일 독서실에서 책을 읽는다. 그런 호사가 없다. 몇 시간 읽다가 나와서 보라매공원을 한 바퀴 천천히 걷는다. 강남에서 이런 호사를 누릴 수 있을까? 봉천동에선 누구나 가능하다.

그래서 누가 어디 사느냐고 물으면 봉천동이라고 바로 대답했다. "왜 연예인이 봉천동에 살아요?" 하고 의아해하는 사람이 있으면 강남에 사는 것보다 백 배 좋다고 했다.

"강남에 안 살아봤잖아요?"

내 나이 마흔이 넘었다. 강남에서 많이 놀아봤다. 안 살아봐도 안다.

나하고 봉천동은 잘 맞는다. 정말 최고다. 여름에 물난리가 나도 끄떡없다. 하늘과 가장 가까운 동네니 물난리라는 건 없다. 대신 눈이 많이 오는 겨울이면 대로변에 차를 세우고 걸어 올라가야 한다. 얼마나 인간적인가.

그렇게 12년을 좋은 추억 속에 살다가 집을 전세 주기로 했다. 1억 7500만 원을 주고 산 집인데 전세가가 2억 원이 됐다. 전세가가 2억이니 매매가는 얼마겠는가? 하하! 볼펜으로 콱 찍어서 산 집인데 12년 동안 그래도 좀 올랐다. 이 집은 팔지 않을 생각이다. 언젠가 난 다시 국사봉에 오를 것이다. 그곳에 서서 우리 동네가 더 좋은 동네로 바뀌어가는 모습을 보고 싶다.

봉천동에 살면서 아파트를 두 채 샀다. 잠실에 하나, 일산에 하나(지금은 두 개가 됐다). 그리고 1년에 10억 원의 매출을 올려주는 가게도 하나 차렸다. 결혼도 했다. 무엇보다 난 봉천동에서 문학청년으로 거듭났다. 봉천동은 '책이 땡기는' 동네다.

당신이 사는 곳 주변에 편하게 독서할 수 있는 공간이 있는가? 있다면 좋은 동네다. 당장 그 시설을 이용하라. 공원도 좋고 도서관도 좋고 커피숍도 좋다. 거기만 가면 책이 잘 읽히고 집중이 잘되는 곳이 있을 것이다. 그곳을 당신만의 독서 공간으로 활용하라.

내가 독서 장소로 정해놓은 곳은 우리 동네 순천향병원 맞은편 2층에 있는 커피숍이다. 주변에 여성이 많다는 것이 커피숍의 장점이다. 난 주변에 여성이 많으면 절대 졸리지 않고 책이 잘 읽힌다.

흑자 내는 책 읽기

아메리카노가 4000원이면 비싸다고 느껴진다. 하지만 커피숍에서 4000원짜리 아메리카노 한 잔 마시면서 책 100페이지를 읽는다면, 엄청난 흑자를 낸 것이다.

아침 일찍 문을 여는 동네 커피숍을 하나 찾아두라. 커피숍이 문을 열자마자 들어가서 그 맑은 아침 시간에 커피 한 잔 시켜놓고 책을 읽어보자. 내 인생이 발전하는 느낌이 마구마구 들 것이다.

집으로 돌아오는 길은 또 왜 그렇게 뿌듯한가. 주변의 잡초들이 꽃같이 예쁘다. 길을 걸으면서 스마트폰을 들여다보는 사람들이 보이는가? 그 사람과 나, 둘 중에 누가 성공하겠는가? 아마 초등학생도 대번에 답할 수 있을 것이다.

보다 더 많은 흑자를 내기 위해서는 책을 읽을 때 반드시 목적을 가지고 있어야 한다.

'지금 내가 처한 상황에 대한 해답을 찾겠다! 동기부여의 에너지를 충만하게 받겠다! 내 꿈을 설정할 방법을 반드시 알아내겠다! 반드시 뭔가 만들어내겠다!'

어떤 것이든 좋다. 목적을 정해놓은 다음에는 그 목적을 이루기 위한 질문을 던지면서 책을 읽으면 된다.

'나에게 딱 맞는 창업 아이템은 무엇인가?'
'손님을 우리 가게로 오게 하는 방법은 무엇인가?'
'어떻게 하면 내 능력 안에서 돈을 더 벌 수 있을까?'
'인간은 정말 돈이 있어야 행복한가?'
'진정한 자유는 어떻게 누릴 수 있을까?'
'나는 누구인가?'

이런 질문들을 가슴에 품고 책을 읽어야 효과가 나타난다. 어느 순간 글자들이 나에게 손짓을 한다. 10권 정도는 이렇게 집중해서 읽고 한 권 정도는 질문 없이 그저 책 내용에만 빠져서 읽으면 좋다. 그렇게 하면 뇌도 휴식을 취한다.

나는 하루에 한 줄이라도 읽으려고 한다. 한 줄만 읽어도 오늘의 나는 어제의 나보다 발전한 사람이다. 아이디어도 하루에 한 개는 내놓으려고 노력한다. 새로운 발상을 하고, 여러모로 생각해보고, 깊이 사색하는 자세가 나를 발전하게 한다.

어제보다 발전한 오늘의 내 모습, 오늘보다 발전한 내일의 내 모습이라면 1년 후, 10년 후가 정말 기대되지 않는가? 내가 어떻게 변해 있을지, 어떤 거인이 되어 있을지 말이다.

최소한 더 나빠지지는 말아야 한다. 오늘 하루를 돌아보자. 혹시 온종일 스마트폰으로 게임을 하면서 대충 일하다가 퇴근 시간이 되자 집에 와서 침대에 누워버리진 않았는가? 어제보다 못한 나로 아침에 일어나면 안 된다. 어제보다 나은 내가 되는 가장 쉬운 방법이 독서다.

일단 매일 딱 한 줄만 읽자. 아이디어 딱 한 개만 만들어보자. 아이디어를 떠올리겠다는 목적을 가지고 책을 읽으면 집중도가 훨씬 높아진다. 일단 모방해서 비슷한 아이디어들을 만들어보자. 그러다 보면 나만의 독창적인 아이디어가 만들어진다.

너무 어렵게 생각할 필요 없다. 흥미를 못 느낀다면 그 책은 책꽂이에 다시 꽂아두자. 언젠가 그 책이 다시 읽고 싶어질 때가 반드시 온다. 그때 읽으면 된다.

세상에는 정말 많은 책이 있다. 그 책들을 모두 읽을 수는 없다. 그런데 목적을 뚜렷하게 가지고 책을 읽다 보면 책이 책을 소개해주고, 책의 안내를 따라가다 보면 내 인생의 책을 만날 수 있다. 바로 세스 고딘의 책들이다.

세스 고딘을 검색해보면 마케팅의 거장, 비즈니스 전략가, 현재 가장 영향력 있는 경영 구루 등의 소개가 나온다. 바로 내가 찾던 사람이 아니던가!

법정 스님의 책《아름다운 마무리》를 읽으면 헨리 데이비드 소로의《월든》이 읽고 싶어지고,《월든》을 읽다 보면 헬렌 니어링과 스콧 니어링의《조화로운 삶》이 읽고 싶어진다. 관심 분야의 책 한 권을 읽으면 그 책이 같은 분야의 또 다른 책들로 인도해준다.

책은 다른 책을 추천하고 소개한다. 나는《혼창통》을 읽으면서《아웃라이어》와《디테일의 힘》을 추천받았고, 다니엘 핑크를 소개받았다. 다니엘 핑크는 이름만 소개해줘서 검색해봤더니 그의 저서 가운데《파는 것이 인간이다》가 있었다. 제목을 보는 순간 확 끌려서 바로 주문했고, 배송을 받자마자 그 자리에서 단숨에 읽어치웠다.

《이카루스 이야기》를 읽다가 랠프 월도 에머슨이라는 작가가 언급되기에 또 검색해봤다. 저서 목록에《세상의 중심에 너 홀로 서라》,

《자연》, 《스스로 행복한 사람》 등이 보였다. 나는 《스스로 행복한 사람》이라는 책을 샀다. 나 역시 스스로 행복한 사람이 되고 싶기 때문이다. 이렇게 내 마음이 끌리는 대로, 책이 이끄는 대로 그저 따라가면 된다.

책에 인용된 다른 책들은 저자가 읽은 수많은 책 가운데 큰 감동을 받은 책들이다. 그러니 그 책들도 읽어봐야 한다. 박웅현, 강창래의 《인문학으로 광고하다》를 보면 존 러스킨의 《나중에 온 이 사람에게도》라는 책이 언급된다. 간디가 위대한 책이라고 말했던, 간디의 인생을 바꾼 책이라는 것이다. 이 글을 읽고 어떻게 《나중에 온 이 사람에게도》를 안 읽을 수 있겠는가. 이 책에 대해서는 방송에서도 들은 적이 있다. '배달의 민족' CEO가 자기 인생의 책이라고 얘기했던 기억이 난다. 그의 사업 아이템이 500억 원의 해외투자를 받은 비결을 얘기하는 자리에서 이 책이 자기 사업에 영감을 주었다고 했다. 그러니 어떻게 따라 읽지 않을 수 있겠는가.

내가 이렇게까지 얘기했는데 내 책을 읽고 나서도 어떻게 《나중에 온 이 사람에게도》를 읽지 않을 수 있겠는가.

읽은 흔적을 남겨라

난 책을 읽으면 주변 사람들에게 꼭 떠들고 다녔다. 한창 읽고 있는 책에 대해서도 떠들었고 다 읽고 난 책에 대해서도 떠들었다. 특히 아내에게 "책이 이렇게 하라고 해서 오늘부터 이렇게 살려고"라고 늘 얘기하곤 했다.

그러다가 어떤 책을 읽었는데 책을 읽을수록 입을 다물라고 해서 한동안은 침묵하고 다녔다(난 정말 책이 시키는 대로 잘한다). 또 그러다가 세스 고딘이 변화를 위해 다른 사람들을 가르치라고 해서 또다시 책을 읽는 대로 죄다 떠들고 다녔다.

그런데 그렇게 떠들고 다니는 것이 다른 사람들을 가르치는 것이 아니라 내가 더 배우는 것임을 알게 됐다. 읽기만 할 때는 몰랐는데 말하다 보니 새롭게 깨달아지는 것도 있고, 대화를 하면서 아이디어가 발전하기도 했다. 또 책 내용을 얘기하다 보면 개념이 더 명확해지고 이해가 더 깊어진다. 확실히 훨씬 더 많은 것을 깨닫게 된다. 게다가 강의 연습까지 된다. 앞으로 강의를 시작할 계획이 있는 사람은 참고하시라.

책을 읽고 떠들다 보면 조용히 입을 닫고 성숙하는 시간이 찾아온다고 한다. 그러므로 책이 닥치라고 하기 전까지는 앞으로도 계속 떠들 생각이다. 덕분에 미인까지 얻었는데 멈출 이유가 뭔가. 내 아내는 누가 뭐라 해도 미인이다. 결혼 후 아내에게 나한테 시집온 이유를 한마디로 말해달라고 했다. 아내는 웃을 뿐 아무 말도 하지 않았다. 나중에 아내의 친구들에게 들어서 그 이유를 알게 됐다.

"그 사람은 매일 새로워! 매번 다른 책을 읽고 와서 그 책에 푹 빠져 얘기를 하는데 만날 때마다 흥미로워!"

미인을 얻는 방법 역시 책이었던 것이다. 책을 읽고 흥분해서 책에 대해 얘기해보라. 당신의 모습이 얼마나 아름다운지 자신은 모를 수도 있다. 그런데 그 아름다움을 사람들은 알아채기 마련이고, 그 덕에 미인을 얻게 된다. 근거 같은 건 없지만 내 생각은 그렇다. 어쨌든 난 성공했으니까 부러우면 따라 하시길.

말하는 것도 생각보다 어렵지 않다. 한 줄이면 충분하다.

책을 읽고 뭘 느꼈는지 얘기해보라고 하면 대부분 선뜻 대답하지 못한다. 혹시 작가의 의도를 내가 못 찾아낸 건 아닌가? 내가 읽은 게 맞는 건가? 하는 생각 때문이다.

걱정 마시라. 내가 찾아낸 것이 진짜다. 아무리 다른 사람들의 서평이 내 감상과 다르다 해도 내가 느낀 것이 옳다. 고전이 시대를 막론하고 계속 읽히는 까닭은 시대마다 해석이 다르고 받아들여지는 부분도 다르기 때문이다. 어떤 시대, 어떤 질문에도 답을 해주는 책이 고전 아니겠는가. 유럽의 중세에는 딱 들어맞았지만 한국의 21세기에는 완전히 허튼소리가 된다면 누가 공감하겠는가.

작가의 의도는 중요치 않다. 내가 느낀 것, 그것이 정답이다. 그러니 당당하게 얘기하라. 교과서도 참고서도 정답이 아니다. 심지어 작가 자신의 생각도 정답이 아니다. 책으로 세상에 나오고, 그것을 내가 읽은 이상 내가 찾아낸 것이 진실이다.

《삼국지》를 여러 번 읽다 보면 유비나 제갈공명 같은 주요 인물보다 주변 인물들에게 관심이 갈 때가 있다. 주요 인물 주변의 모사들 말이다. 그럴 땐 그들에게서 삶의 지혜를 배운다. 어떤 때는 이름 없는 캐릭터에게서 내 삶의 기준을 만날 수도 있다. 정답은 내 안에 있다. 당당하게 책을 읽자. 제목이 유치하면 어떤가. 내용이 야하면 어떤가.

내가 찾고자 하는 답을 찾을 수 있다면 어떤 책이라도 좋다. 누가 뭐라 할 수 있겠는가.

당당하게 책을 읽은 후에는 자신 있게 감상문을 쓰면 된다. 너무 그럴듯하게, 거창하게 쓰려고 애쓰면 오래 못 간다. 한 줄이면 충분하다. 내가 10권짜리 《삼국지》를 읽고 한 줄 감상문을 쓴다면 이렇다.

'유비처럼 기다릴 줄 알아야 한다.'

난 성격이 급해서 일을 그르친 적이 많기 때문이다. 《삼국지》는 나에게 기다림의 위대함을 가르쳐줬다.

그렇다면 이런 글을 어디에 남길까? 책의 여백에 낙서하듯 끼적이면 된다. 어느 책이나 맨 앞과 맨 뒤에는 빈 면이 있다. 거기에 감상을 적어도 좋고, 인상 깊은 문장이 있는 페이지에 메모를 해도 좋다. 그러므로 책을 읽을 땐 항상 펜을 준비해야 한다.

그래서 책은 되도록 돈 주고 사서 읽으라고 한다. 도서관에서 빌려 읽으면 낙서를 못 한다. 반납 기한도 있다. 요즘엔 온라인 서점에서 중고 거래도 활발하니 이곳을 이용해도 좋다. 분명한 건 책을 사는 데 들어간 돈보다 얻는 게 훨씬 많다는 것이다. 이 책도 돈이 될 아이디어를 곳곳에서 소개하고 있으니 돈 주고 사서 읽어도 손해는 아닐 것이다.

책이 읽히지 않을 때는 뱃살부터 없애라

얼마 전 이상하게 책이 잘 안 읽혔다. 그래서 톨스토이의《인생이란 무엇인가》를 읽었다. 짧은 잠언들이라 띄엄띄엄 읽어도 되고 대단한 집중력을 요하지도 않으니 수월하게 읽혔다. 그렇게 조금씩《인생이란 무엇인가》를 읽다가 요새 책이 잘 안 읽히는 이유를 알게 됐다. 먹고살 만하기 때문이다.

'메밀꽃이 피었습니다'는 이제 안정적으로 운영되고 있다. 연 매출액 10억 원에 수익률 25퍼센트, 분점도 냈다. 메밀국숫집 외에 다른 일로도 연 1억 원 이상의 순수익을 올린다.

거울을 보니 불룩 튀어나온 배가 보였다. 책이 안 읽힐 때는 배를 보라. 배가 부르면 정말 책이 안 읽어진다. 책상 앞에 앉기도 싫고 책을 봐도 흥미가 생기지 않는다.

거울을 보니 눈빛이 예전 같지 않았다. 재수하던 시절, 무명 개그맨으로 서럽던 시절, 보증금 300만 원에 월세 13만 원짜리 단칸방에 살던 시절, 그 시절의 내 눈빛은 살아 있었다. 그런데 지금 눈빛에는 생기가 없었다. 생기가 없다는 건 의욕이 없다는 것이고 무기력하다는 것이다.

그렇다. 배가 불러진 것이다. 나는 그날부터 당장 기름진 음식을 멀리하고 된장국 위주로 담백하게 하루 한 끼만 먹었다. 며칠이 지나자 몸이 가벼워지면서 눈빛에 생기가 돌기 시작했다. 정신이 맑아지고 의욕이 솟았다. 책이 머리에 쏙쏙 들어왔다.

책이 안 읽어지는가? 일단 뱃살부터 없애라. 뱃살이 없어지면 열정이 살아난다. 그 경험으로 나는 공식 하나를 만들었다.

'뱃살과 열정은 반비례한다.'

지금 읽는 한 줄이 중요하다

우린 현재에 만족하지 못한다. 내 의지대로 살지 못하기 때문이다. 그렇게 끌려다니며 살다가 어느 날 결심한다.

'이건 아니야. 뭔가 다른 걸 해야겠어!'

그런데 뭘 어떻게 해야 할지 모른다. 근사하고 대단한 목표를 세우긴 했는데 그것을 이뤄나가기가 생각처럼 쉽지 않다. 그렇게 목표와 계획은 또 흐지부지된다.

작은 것부터 해나가야 한다. 자, 계획을 세웠는가? 그렇다면 내일부터, 다음 주 월요일부터, 다음 달 1일부터가 아니라 지금 당장 시작하라. 당장 서점에 가서 책을 한 권 사고, 당장 한 줄이라도 읽자. 다음

일은 그러고 나서 생각하자. '대통령이 되겠다'처럼 아무리 원대한 꿈이 있어도 그런 미래를 위해 당장 10분 후 뭘 해야 할지부터 계획을 세워야 한다.

난 새해가 되면 1년에 365권 읽기를 계획한다. 10년 동안 새해만 되면 계획했다. 하지만 10년 동안 계속 실패했다. 이제는 1년 단위로는 계획을 세우지 않는다. 1년에 120권의 책을 읽겠다고 계획을 세우면 120권을 못 읽는다. 시간이 지날수록 목표한 숫자를 채울 수 없게 되고 큰 목표에 짓눌려 금방 지친다. 하지만 하루에 한 권으로 계획을 세우면 120권을 읽을 수 있다.

작게 시작하자. 지금 당장 시작할 일만 생각하자. 독서를 하든, 운동을 하든, 뭔가를 배우든 당장 시작하자. 당장 시작한 일을 끝내고, 다음 할 일은 그때 생각해도 된다.

계획은 잘게 쪼개서 세울수록 지키기 쉽다. 이미 많이 겪어보지 않았는가. 겨울방학 두 달 계획표를 짜놓고 다 지켜본 사람, 손!

책이 잘 읽히지 않는다면 계획에 문제가 있을 수도 있다. 일단 일주일 동안 어떤 책을 읽을지 미리 정해놓자. 가방 속에 한 권만 주야장천 넣고 다니면 꼭 중간까지 읽다 말게 된다. 그러니 이렇게 해보라. 월요일과 화요일은 《오리지널스》, 수요일과 목요일은 《기브앤테이크》, 금요일과 토요일은 《인간이 그리는 무늬》, 일요일은 휴식. 이런 식으로 계획을 짜놓고 월요일, 화요일이 지나면 수요일에는 무조건 들고 나가는 책이 바뀌어야 한다. 내 경험상 이 정도 계획이 딱 좋다.

이렇게 하면 실천하기 쉽다. 꾸준히 할 확률도 높아진다. 큰 목표를 작게 나눌 줄 알아야 한다.

월 매출 1억 원의 식당을 만들고 싶은 사람이라면 지금 당장 뭘 해야 할까? 서점으로 달려가 트렌드·마케팅·요리·경제경영·철학책을 사서 읽어야 한다. 그다음에 뭘 해야 하는지는 책이 알려준다. 그때부턴 책이 시키는 대로 하면 된다. 아니, 가만히 있으려고 해도 저절로 움직이게 된다. 책의 마술 같은 힘이다.

한 가지 팁을 주겠다. 문구점에 가서 화이트보드를 구하라. '월중행사 및 계획표'라고 돼 있는 걸 사면 좋다. 항상 볼 수 있는 곳에 걸어두고 일주일 단위로 독서 계획을 짜서 적어두라. 눈에 보이면 확실히 도움이 된다.

독서에 관한 몇 가지 팁

1. 새벽, 책 읽기 가장 좋은 시간

전에는 잠들기 전에 책을 읽었는데 요즘에는 일어나자마자 책을 읽는다. 새벽에 일어나서 읽는다. 습관이 되니까 알람을 맞추지 않아도 저절로 눈이 떠진다. 깨는 시간은 일정하지 않다. 4시에도 깨고 4시 30분에도 깨고 5시에도 깬다. 확실한 건 '난 내일 새벽에 일어나서 책을 읽을 거야'라고 뇌에게 알리고 자면 뇌가 가장 적당한 시간에 나를 깨워준다.

새벽에 일어나면 책을 한 권 고른다. 그러곤 세 시간 안에 무조건 읽겠다고 작정한다. 그 책이 어렵든 쉽든 두껍든 얇든 무조건 세 시간

안에 읽는다. 이해하지 못하는 부분이 있어도 넘어간다. 어느 순간 엄청나게 몰입이 된다. 중간중간 시계를 본다. 세 시간이 다 되어갈수록 몰입도는 절정에 오른다. 마치 시험 치기 10분 전에 요약 노트를 볼 때처럼.

세 시간 만에 한 권을 다 읽는다. 물론 이해하지 못한 부분도 많다. 하지만 반드시 알 수 있는 게 있다. 이 책이 좋은 책인가 아닌가 하는 것. 좋은 책이라면 나만의 독서 공간에서 다시 읽는다. 이번엔 정독이다. 문득 아이디어가 떠오르면 책의 여백에 적어둔다. 내가 가진 어떤 보물도 아이디어가 메모돼 있는 책을 대신할 수 없다.

새벽에 책을 읽으면 훨씬 집중이 잘된다. 밤에 책을 읽던 때보다 훨씬 맑은 정신으로, 훨씬 효율적으로 읽을 수 있다. 내가 새벽에 책을 읽는 이유는 이런 생각 때문이기도 하다.

'남들은 자고 있는데 나는 일어나 책을 읽는다. 난 지금 잠자고 있는 사람들보다 한 발 앞서가고 있다.'

2. 빨리 읽을 수 있는 책으로 시작하라

미술 전시회에 가면 그림을 어떻게 보는가? 발걸음을 천천히 옮기며 한 작품 한 작품 감상하다가 관심과 흥미가 가는 작품을 발견하면 걸음을 멈춘다. 그림 앞에 서서 한참을 바라보며 작가의 의도를 생각하고 내 느낌에 몰입한다. 작품 속으로 빠져든다.

책도 마찬가지다. 모든 책을 정독할 필요는 없다. 처음부터 끝까지 꼼꼼하게 읽어야 한다는 강박관념에 사로잡히면 부담감이 커지고, 그러다 보면 책이 싫어진다.

처음엔 속도를 내는 것이 좋다. 조금 빠른 속도로 훑어보다가 흥미로운 부분이 있으면 그때부터 시간을 들여 천천히 읽으면 된다. 그런데 책 중에는 빨리 읽을 수 있는 책이 있고 빨리 읽을 수 없는 책이 있다. 빅토르 위고의《레 미제라블》, 도스토옙스키의《죄와 벌》, 제롬 데이비드 샐린저의《호밀밭의 파수꾼》같은 책은 절대 빨리 읽을 수 없다. 빨리 읽어서도 안 된다.

요즘《레 미제라블》3권을 읽고 있는데 남은 분량이 점점 줄어드는 게 아쉽다. 아껴가며 읽고 있다. 책을 읽다 보면 이런 날이 온다. 이 정도 되면 독서 습관이 생겼다고 볼 수 있다.

자기계발서와 경제경영서는 빨리 읽을 수 있고, 빨리 읽어야 한다. 분명한 목적을 가지고 속도를 내 읽으면서 내게 필요한 부분을 찾아내면 된다. 이 능력도 연습으로 키울 수 있다. 나중엔 두세 시간이면 한 권을 읽을 수 있다.

처음엔 빨리 읽을 수 있는 책으로 독서 습관을 만들자. 책을 사면 첫 장에 언제까지 읽겠다고 날짜를 쓰고 그 안에 읽도록 훈련하자. 독서 습관을 만드는 비결이다.

3. 머리말과 목차만 봐도 도움이 된다

살아가는 동안 1000권의 책은 읽어야 하지 않겠는가. 1000권이라는 숫자에 너무 놀라지 마시라. 에디슨은 초등학교 시절에 이미 몇천 권의 책을 읽었다. 우리가 존경하는 거의 모든 위인이 고등학생이 되기 전에 1000권 이상의 책을 읽었다. 그렇게 해서 자신이 왜 태어났는지, 뭘 해야 하는지, 그리고 어떻게 살아야 하는지도 알게 됐다. 그리고 알게 된 그대로 살았기에 지금 우리에게 존경받고 있다.

정 1000권을 읽기 힘들다면 좋은 방법을 알려주겠다. 일단 일주일에 세 번은 서점에 가는 습관을 가져라. 가서 책을 사지 말고 제목만 열심히 읽어라. 마음에 드는 제목이 있으면 그 책을 뽑아 머리말만 읽어라.

제대로 된 책 한 권을 쓰려면 최소한 1000권은 읽어야 한다. 그러니 책 한 권을 읽으면 1000권에 담긴 지혜를 얻는 셈이다. 책을 쓰는 사람은 제목을 정할 때 가장 심혈을 기울인다. 그리고 머리말에 핵심 내용을 요약한다. 그러므로 제목과 머리말만 꾸준히 읽어도 몇 년 후면 그렇게 하지 않은 사람과 엄청난 차이가 나게 된다.

머리말을 읽다 보면 자연스럽게 목차가 읽고 싶어지는 책이 있다.

목차를 읽을 땐 지금 고민하는 문제를 생각하라. 그러면 눈에 확 들어오는 목차가 나타날 것이다. 그 자리에서 그 목차에 해당하는 부분만 읽어보라. 그 내용이 마음에 들거든 책을 사면 된다.

그런 책을 고르면 친구들이 아무리 놀자고 꼬드겨도 얼른 집에 가서 책을 읽고 싶어질 것이다. 그렇게 책을 친구로 만드는 사람은 세상을 살면서 두려워할 필요가 없다. 이 방법대로 꼭 해보기 바란다.

4. 책은 손이 닿는 곳에

항상 책을 가지고 다니자. 가방이 없을 땐 주머니에 쏙 넣고 다닐 수 있는 책을 준비하면 된다. 난 최근에 마스다 무네아키의《지적자본론》을 주머니에 넣고 다니며 읽었다.

또 한 가지, 집에 책꽂이를 마련하자. 당장 사기 힘들면 사과상자나 라면 박스로 만들어도 된다. 사람에게 집이 필요하듯 책에게도 집을 장만해주자는 생각이다. 책이 여기저기 굴러다닌다면 읽고 싶은 마음이 들까? 아무리 명작이라도 하찮게 보일 것이다. 어쩌면 읽어야 할 책으로 여겨지지도 않고 라면 끓일 때 우연히 눈에 띄면 냄비 받침 역할이나 하기 십상이다.

책꽂이에 책들이 자기 자리를 차지하고 있으면 읽은 책, 읽고 있는 책, 읽을 책이 한눈에 보이므로 독서 열망이 자극된다. 책등의 제목을 다시 보는 것만으로도 얼마 전에 읽은 책의 내용이 되새겨지기도 하니 이 또한 유익하다.

5장

상황별 책 처방전

돈 때문에 힘들 때

안전지대는 어디인가: 《린치핀》

경제 상황을 다룬 다큐멘터리를 보던 중 한 가장의 이야기에 가슴이 아팠다. 한 회사를 20년째 다니고 있는 기술자인 그는 월급이 반으로 줄었다고 했다. 아들과 딸이 중학교와 고등학교에 진학한 터라 막막하다며 그는 인터뷰 도중 눈물을 흘렸다.

경기가 나빠 월급이 절반으로 줄었지만 이 회사를 계속 다닐 수밖에 없다. 나이가 많아서 다른 회사에서 받아주지도 않는다고 한다. 배운 기술이 하나뿐이라 다른 일을 할 수도 없다. 20년 동안 한곳에서 일했으니 당연한 일이다. 다른 일을 한다고 해도 단순직일 테니 지금 회사에서 받는 월급보다 많이 받을 수 있을까?

많은 사람이 정말 열심히 노력하며 살고 있다. 빈곤에서 벗어나려고, 자식에게만은 가난을 물려주지 않으려고 밤낮없이 애쓴다. 그런데 그 노력을 어디에 어떻게 쏟아붓느냐에 따라 나중에 맞이하는 상황이 크게 달라진다.

방송을 보는 내내 먹먹했다. 월급이 반으로 줄어든 아버지는 어떻게 해야 하는가? 곧 대학에 입학할 아이들의 학비는 어떻게 마련할 것인가? 그러다 보니 무리하게 대출을 받아 잘 알지도 못하는 투자를 하는 사람들이 생긴다. 왜냐하면 방법이 없기 때문이다.

아니다, 방법은 있다. 아직 발견하지 못했을 뿐이다. 충분히 돌파구를 찾아낼 수 있다. 만약 당신이 독서를 시작했다면 말이다.

무슨 책을 읽을지 모르겠다면 세스 고딘의 《린치핀》을 읽어보자. 린치핀이란 '꼭 필요한 존재'를 뜻한다. 말 잘 듣고 월급 적게 줘도 되는 사람, 쓸모없어지면 쫓아낼 수 있는 사람이 아니라 누구도 대신할 수 없는 사람을 말한다.

이 책은 평범한 우리가 어떻게 하면 린치핀이 될 수 있는지 가르쳐 준다. 현재가 불안하고 미래가 암울하다면 린치핀이 되어 내 가치를 높여나갈 길을 찾아보자.

고난이 스승이다:《인생이란 무엇인가》

톨스토이는 여러 사상가의 뛰어난 통찰력이 담긴 글을 1월 1일부터 12월 31일까지 하루에 한 편씩 읽으며 사색할 수 있도록《인생이란 무엇인가》를 구성했다. 해당 날짜의 내용을 읽어보면 그날과 맞아떨어지는 철학이 담겨 있을 때가 많아서 놀라기도 한다.

> "만약 대기의 압력이 없다면 우리의 몸이 파열하는 것처럼, 인생에 빈곤과 가혹한 노동, 그 밖의 여러 가지 불행한 운명이 찾아드는 일이 없다면, 사람들의 오만은 계속 기승을 부리다가 비록 파열하는 위험에까지 이르지는 않더라도, 급기야 비할 데 없는 어리석음과 광기의 사태에 이르게 될 것이다."(쇼펜하우어)
>
> "만약 신이 우리에게 분명히 신이 보냈다는 것을 우리가 믿을 수 있는 지도자를 준다면, 우리는 기뻐 춤을 추며 그의 말을 따를 것이다. 우리에게는 그러한 지도자와 스승이 이미 있다. 그것은 빈곤, 또는 일반적으로 인생에서 일어나는 모든 불행한 일들이다."(파스칼)
>
> _《인생이란 무엇인가》 중에서

일부러 빈곤하게 살거나 불행을 찾아다닐 필요는 없다. 하지만 지금 어렵고 힘들고 불행한 상황에 빠져 있는 사람은 어쩌면 가장 행복한 시간 속에 있는 건지도 모른다고 말해주고 싶다. 인간은 역경을 헤쳐나갈 때 가장 인간답고 자기답게 살 수 있다고 나는 생각한다. 내가 그랬기 때문이다.

사는 게 힘든가? 거울을 보라. 거울에 비친 자신의 눈빛을 보라. 신은 인간에게 역경을 보낼 때 그것을 이겨낼 힘도 함께 보낸다고 하지 않던가. 불행을 헤쳐나갈 방법을 차근차근 생각해보자. 급하게 생각하지 마라. 책을 읽고 실력을 쌓으며 미래를 준비해야 한다. 헝그리 정신으로 무장하고 세상에 나를 제대로 한번 보여주겠다는 배짱을 가지고 말이다.

만약 지금 내가 사는 게 힘든 분들을 위한 강의를 한다면 나는 이렇게 말하겠다.

"자, 이제 책을 읽고 내 인생을 강의할 수 있는 수준으로 끌어올려 봅시다. 진정한 나 자신의 길을 가게 된 후에는 누구나 강의를 할 수 있습니다. '내가 강의할 수 있는 분야로 어떤 게 있을까?' 지금부터 찾아보시기 바랍니다.

만약 지금 시련을 겪고 있다면 나중에 훌륭한 강의 소재가 되니까 힘들어하기보다는 오히려 좋아하시면 됩니다. 그 시련이 혹독할수록 사람들에게 큰 감동을 줄 수 있습니다. 시련에 깊숙하게 빠져보세요. 그리고 책을 읽고 과감하게 뚫고 나오시면 됩니다. 책은 어떤 시련도 이길 수 있는 힘을 길러줍니다.

이 자리에 계신 분과 나란히 강단에 서는 날을 기다려보겠습니다. 강의 끝!”

하고 싶은 일을 찾지 못했을 때

우리는 왜 잘하는 일이 없게 되었나: 《독특함에 미쳐라》

나만의 일! 내가 하고 싶은 일! 내가 가장 잘하는 일!

그 일을 찾고 싶다면 《린치핀》과 김병완의 《독특함에 미쳐라》를 읽어보자.

이 책들이 말하는 바는 이렇다. 우리는 100점 만점의 교육제도 속에서 살아왔다. 내 아이의 국어 점수가 100점이고 수학 점수가 30점이면 대부분의 부모가 아이를 수학 학원에 보낸다. 그런데 생각해보자. 아이의 국어 점수가 100점인 이유는 국어를 좋아해서다. 수학 점수가 30점이라면 수학이 싫은 것이다. 그런데도 수학 학원에 보내서 수학을 강요한다. 당연히 수학은 더 싫어지고 급기야 공부 자체가 싫어진다. 잘하던 국어까지 점수가 낮아진다. 결국 하향평준화되는 것이다.

100점 만점의 교육제도에서는 모든 과목의 점수를 평균 내기 때문에 자신이 진정 잘하는 과목, 정말로 잘하고 싶은 과목이 무엇인지 알 수 없게 된다. 그렇게 두루뭉술한 사람으로 성장한다. 국어가 100점이고 수학이 30점이라면 수학이 아니라 국어를 더 공부해야 한다. 200점, 300점이 되도록. 그래야 독특한 나로 성장할 수 있다. 타이거 우즈는 자신의 약점인 샌드 샷이 아니라 강점인 드라이버 샷을 더 많이 연습해서 골프 황제가 됐다. 중국 탁구 역시 약점을 보완하는 연습이 아니라 잘하는 기술을 집중적으로 훈련하는 방법으로 세계 최강이 됐다.

지금이라도 늦지 않다. 내가 잘하는 분야를 더 공부하고 더 연습하면 된다. 그렇다면 내가 제일 잘하는 것은 뭔가? 모든 인간에게는 10만 명의 타인보다 잘할 수 있는 능력이 최소한 한 가지는 있다고 한다. 그것을 찾아야 한다.

요리, 그림, 음악, 다른 사람을 친절하게 대하기, 길 찾기, 연애, 훌라후프, 물총 정확하게 쏘기, 가만히 있기, 인터넷 검색 빨리하기…….

큰 개념부터 작고 사소한 개념까지 모두 대입해보고 생각해보라.

아주 작은 것이라도 놓치지 마라. 잘하는 일을 찾았다면 별것 아니라고 무시하지 말고 더 발전시켜라. 나만의 사업으로 만들어라.

프로 게이머라는 직업이 없던 시절, 게임을 대충 하던 사람들은 시간만 낭비했다. 반면 어떤 이들은 자신이 좋아하는 게임을 더 열심히 했다. 누가 뭐라든 굴하지 않고 열심히 게임만 했다. 그런 이들이 프로 게이머가 됐고 한국은 게임 강국이 됐다.

재주가 무엇이든, 미치도록 몰입하고 열중하고 연습하라. 그 재주로 반드시 돈을 벌게 될 것이다.

당신은 그 일을 좋아한다: 《실행이 답이다》

내가 좋아하는 일은 가만히 앉아서 생각만 해서는 찾을 수 없다. 책을 많이 읽었어도 읽기만 했다면 찾기 힘들다. 행동으로 옮겨봐야 한다. 어렵게 생각하지 말고, 내가 처한 환경과 조건에서 할 수 있는 일들을 일단 해보면 된다.

연애하던 시절 아내에게 내 소망을 담아 물어본 적이 있다.

"나중에 우리 시골 가서 살까? 전원생활 어때?"

아내는 단호하게 고개를 저었다.

"싫어, 절대 싫어. 벌레도 많고 교통도 불편하고 싫어."

아내는 이미 도시 생활에 익숙해져 있었다.

내가 낚시를 좋아해서 우리는 연애할 때 호수로 강으로 바다로 여행을 자주 다녔다. 호수에 떠 있는 좌대에서 잠을 자기도 했다. 여행을 가기 전 벌레와 화장실 문제 때문에 그토록 걱정하던 아내는 물고기가 잘 잡히니 낚시에 푹 빠져 거미가 몸을 타고 기어 다니는 줄도 몰랐다.

어느 날은 풀을 뜯어 와서 이게 뭐냐고 묻기에 냉이라고 일러줬더니 우리가 먹는 그 냉이냐며 신기해했다. 그러더니 온종일 냉이를 캐는 게 아닌가. 그날 이후 아내는 시간만 나면 나물을 캐러 가자고 했다. 이제 아내는 냉이는 물론 쑥, 민들레, 질경이도 캐고 심지어 가시오가피 잎사귀까지 따러 다닌다. 그리고 우리의 대화는 이렇게 바뀌었다.

"우리 나중에 농촌 가서 살까?"

"그래. 대신 가끔은 서울에 오는 조건으로."

내가 좋아하는 것? 사실 자신도 모르기 십상이다. 아내는 낚시와 나물 캐기는 자신과는 먼 세상의 일이라 여겼고, 상상만 하던 때에는 아주 싫어하는 일이었다. 하지만 실제로 해보니 재미있다고 한다. 특히 나물 캐기가 적성에 딱 맞는다고 한다. 난 한 시간만 쪼그리고 앉아 있어도 허리가 아프고 다리가 저린데, 아내는 대여섯 시간 동안 허리 한 번 펴지 않고 나물을 캔다.

'폼' 나는 일인가 아닌가, 남들 눈에 좋아 보이는 일인가 아닌가는 따지지 말고 일단 한번 해보라. 그래야 진짜 좋아하는 것을 찾을 수 있다.

어릴 때부터 "난 과학자가 될 거야", "난 화가가 될 거야", "난 음악가가 될 거야"라고 선언하고 그 길을 쭉 걸어 소원을 이룬 사람들을 우린 천재라고 부른다. 그렇지만 이런 사람들은 세상에 1퍼센트도 되지 않는다. "전 사실 축구를 좋아했어요. 하지만 지금 야구선수로 사는 게 좋아요" 이런 경우가 대부분이다.

생각만으론 알 수 없다. 다른 사람한테 물어봐도 마찬가지다. 실제로 해보는 수밖에 없다.

이민규의 《실행이 답이다》는 생각만 많고 행동을 못 하는 사람들(나를 포함해 대부분이 그렇지만)을 위한 책이다. 좋아하는 일을 찾을 때도 도움이 된다. 그러려면 일단 실행해봐야 하기 때문이다. 저자가 상담한 사례들, 직접 겪은 이야기들이 실려 있어 재미있다. 해결책도 아주 구체적이다. 우리 뇌는 멈추는 것보다 계속하는 걸 합리적이라고 판단하기 때문에 하기 싫은 일도 일단 시작하면 계속하게 된다는 대목이 특히 인상적이다. 그렇다. 시작이 반이다.

내가 누구인지 알고 싶을 때

내가 누구인지 말할 수 없는 이유: 《무경계》

켄 윌버의 《무경계》를 읽는 내내 '나는 누구인가?'라는 질문을 품고 답을 찾아봤다. '나는 누구인가에 관한 동서고금의 통합적 접근'이라는 부제가 달린 이 책은 통합심리학자이며 선불교 수행자인 켄 윌버가 썼다. 그런 만큼 정신분석, 선불교, 실존주의 등이 등장하고 좀 어렵다. 하지만 천천히 읽으면서 내가 누구인지에 대해 생각해보기 좋은 책이다.

이 책에 의하면 우리는 어떤 경계를 그어놓고 그 안의 것들을 '나'라고 느낀다. 하지만 경계 밖에 있는 것 역시 나의 한 부분이다. 이를 깨닫고 경계를 허물 때 인간은 보다 행복해진다. 《무경계》를 읽고 나자 생각이 한층 깊어진 느낌이 들었다. 하지만 내가 누구인지는 여전히 명쾌하게 답할 수가 없었다.

그래서 다시 질문했다. '왜 말할 수 없을까?' 답은 간단하다. 모르기 때문이다. 질문을 계속했다. '왜 내가 나 자신을 모르는 걸까?'

사색 끝에 마침내 답을 찾았다! 내가 계속 변화하고 있기 때문이다. 1초 전의 나와 지금의 내가, 그리고 지금의 나와 1초 후의 내가 다르다. '나는 이러이러한 사람'이라고 말하려는 순간 이미 나는 다른 사람으로 바뀌어 있어서 자신 있게 말하지 못하는 것이다.

그렇다면 뭐가 바뀐다는 얘긴가? 모든 생물은 끊임없이 변한다. 변화는 결코 멈추지 않는다. 죽어서도 변한다. 지금 글을 쓰는 이 순간에도 내 머리카락이, 손톱과 발톱이 자라고 있다. 세포들이 죽어가고 또 다시 태어나고 있다. 10년 전 나를 구성하고 있던 세포 가운데 살아 있는 세포가 있을까? 지금은 다른 세포들이 나를 이루고 있다.

세포만 변하나? 생각도 변하고 심리 상태도 변하고 성격도 변한다. 뚜렷이 느낄 수는 없지만 우리는 늘 변한다. 늘 움직인다. '나는 누구인가'에 대답할 때는 정지된 나를 설명하려 한다. 그래서 대답할 수가 없다. 나는 용감하다가도 한순간에 겁쟁이로 변하고, 너그럽다가도 갑자기 옹졸해진다. 과연 고정된 성격이라는 것이 존재할까? 나는 누구인가에 대해 단정적으로 말할 수 없다. 대답할 필요도 없다.

중요한 것은 나의 변화에 내가 영향을 미칠 수 있다는 점이다. 내가 책을 읽으면 책을 읽은 사람으로 변한다. 내가 매일 술을 마시면 알코올중독자로 변한다. 사람이 일주일 내내 술만 마시고 있을 때 '나는 누구인가?'에 대한 답과 일주일 내내 책만 읽을 때 '나는 누구인가?'에 대한 답은 완전히 다를 것이다.

나는 끊임없이 변화하는 존재라는 사실을 받아들이자. 그리고 다시 묻자. 나는 누구인가?

나는 '나의 노력에 의해서 어떤 존재로도 변할 수 있는 자유로운 존재'다. 그것이 나다.

결정 장애에 시달릴 때

심사숙고보다 전광석화: 《블링크》

어떤 결정을 내려야 할지 모르겠는가? 결정하는 데 너무 오랜 시간이 걸리는가? 중국집에 가면 짜장면을 시킬까 짬뽕을 시킬까 한참을 고민하는가? 나 역시 메뉴 결정을 못 하기로 유명한 사람이었다. 말콤 글래드웰의 《블링크》를 읽지 않았다면 난 오늘도 짜장이냐 짬뽕이냐 고민하느라 일행을 짜증나게 하고 있을 것이다.

《블링크》는 눈을 한 번 깜박이는 데 걸리는 시간, 즉 2초 안에 상황을 판단하는 힘에 관한 책이다. 심사숙고해서 내린 결정이 언제나 옳은 것은 아니다. 오래 생각할수록 판단력이 흐려질 수도 있다. 오랫동안 완벽하게 한 연습이 늘 좋은 결과를 가져오는 것도 아니다. 예상치 못한 상황이 닥치면 융통성을 잃고 제대로 대응하지 못하기도 한다. 오히려 눈 한 번 깜빡이는 순간에 내린 판단이 가장 정확하고 2초 만에 선택한 행동이 가장 선명한 것일 수 있다.

51회 미국 슈퍼볼 경기에서 25점 차이를 뒤집어 전설이 된 쿼터백 톰 브래디를 보라. 톰 브래디의 팀은 경기 내내 미리 준비한 전술대로 경기를 했지만 뜻대로 풀리지 않았다. 스코어 28대 3. 슈퍼볼 역사상 가장 큰 점수 차였다. 경기를 지켜보는 1억 명의 시청자 가운데 누구도 반전이 일어나리라고 예상하지 못했을 것이다. 하지만 마지막 15분을 남겨놓고 톰 브래디가 일을 저질렀다. 해설자에 의하면 그는 준비된 전술이 아니라 순간적인 판단으로 패스했고, 그 패스가 팀을 승리로 이끌었다. 연장전에서의 승리, 슈퍼볼 역사상 처음으로 일어난 이변이었다. 경기 하이라이트를 한번 보라. 순간적인 판단이 얼마나 위대한 결과를 만들어낼 수 있는지 알게 된다.

연기도 마찬가지다. 순간적인 판단이 중요하다. 100퍼센트 미리 짜인 대본대로 하는 연기는 어딘가 부족하다. 연기는 열심히 준비만 한다고 되는 게 아니다. 촬영 현장에서 상대 배우들과 상호작용하며 순간순간 반응할 줄 알아야 한다. 너무 열심히 오랫동안 준비하면 그 틀에 갇혀 오히려 연기가 어색해질 수 있다.

개그맨들은 공개 코미디를 할 때 현장의 반응을 감지하고 그때그때의 반응에 따라 연기한다. 무대에 올라가면 온몸의 세포가 관객을 향해 완벽히 집중된다. 이런 무대를 여러 번 경험하면 관객의 반응을 정확히 감지하게 된다.

> 스스로 논리적으로 심사숙고하라고 가르치는 일이 가능하듯이, 스스로 순간적인 판단 능력을 키우고 가르치는 일도 가능하다. (…) 실제로 '처음 2초의 기적'은 운 좋은 소수에게 마술처럼 주어지는 재능이 아니다. 이는 모두 스스로 갈고닦을 수 있는 능력이다.
>
> _《블링크》 중에서

이런 노랫말이 있다. "왜 슬픈 예감은 틀린 적이 없나." 카톡 알림 소리만 듣고도 발신자가 누구인지 알아차린 적이 한 번쯤은 있을 것이다. '이번 카톡은 분명 헤어지자는 통보다' 혹은 '이번 카톡은 누가 했는지 모르겠지만 굉장히 중요한 내용을 담고 있다'라고 느껴본 적도 있을 것이다. 우리에겐 이런 무의식의 힘이 있다. 이런 힘을 키우면 세상을 읽는 눈이 정확해진다. 그러면 더 신속하게 결정할 수 있다.

말콤 글래드웰이 강조한 2초 안에 결정하는 능력, 그 능력을 어떻게 키울 수 있을까? 우리의 무의식은 강력하다. 그러나 오류에 빠지기도 쉽다. 간절히 바라는 때에 어떤 기회가 찾아오면 마치 신의 계시처럼 느끼고 다짜고짜 달려들기도 한다. 편견과 선입관과 고정관념에 빠져 있을 때도 옳은 결정을 내릴 수 없다. 그러므로 책을 읽어야 한다.

결정을 빨리 못 내리는 분들께 도움이 될, 또 다른 훈련을 소개한다. 내가 큰 효과를 본 방법이다.

여럿이 식당에 가거든 일행 가운데 가장 먼저 메뉴를 선택하라. 오랫동안 고민하고 고른 메뉴보다 만족도가 높아진다. 메뉴를 잘 못 고르는 사람들은 어렵게 골라도 결국 맛있게 먹질 못한다. 육개장 먹으면서 '갈비탕 시킬걸' 한다. 하지만 단번에 결정을 내리면 맛있게 먹는다. 내가 해보니까 그렇게 되더라.

말콤 글래드웰에 따르면 순간적인 판단 능력은 타고나는 게 아니다. 몇몇 운 좋은 사람만 가질 수 있는 능력도 아니다. 누구나 훈련으로 얻을 수 있는 능력이다. 그러니 당장 해보시라. 메뉴 빨리 고르기 훈련은 다른 일을 결정할 때도 많은 도움이 된다.

빨리 결정하면 행동으로 옮길 확률도 높아진다. 마찬가지로, 느리게 결정하면 행동으로 옮길 확률도 낮아진다. 자, 어느 쪽을 선택할 것인가? 빨리 결정하라. 2초 남았다.

독서할 때도 시간을 오래 들이지 말고 순간적으로 내게 필요한 것을 잡아내라. 인나미 아쓰시의《1만 권 독서법》에도 그렇게 하라고 나와 있다. 책 읽는 속도가 느려 점점 독서에 흥미를 잃어가는 독자라면 이 책에서 얻을 게 많을 것이다. 저자는 어려서 자전거 사고로 3주 동안이나 의식을 잃었다가 회복된 뒤 읽기 능력이 뒤처졌다는 트라우마에 시달렸다. 하지만 지금은 연간 700권(하루에 두 권이다!)의 독서량을 자랑하는 다독가로, 서평을 직업으로 삼고 있다.

사업이 잘 안 풀릴 때

멀리 그리고 크게 보라: 《혼창통》

이지훈의 《혼창통》은 성공의 비결로 세 가지를 꼽는다. 혼魂, 창創, 통通, 즉 비전, 창조, 소통이다. 이 세 가지가 성공한 사람들의 공통적인 특성이라고 한다. 모든 내용이 사업에 도움이 되는 것이었지만 나는 특히 서문에 나오는 손정의 회장의 말에 깊은 인상을 받았다.

손 회장은 "멀미는 눈앞을 보기 때문에 느끼는 것"이라고 말한다. 그래서 자신은 멀리 보며 사업을 함으로써 초조해하거나 걱정하지 않고 마음의 평정을 유지한다고 했다.

난 낚시를 좋아한다. 특히 배 타고 바다에 나가서 하는 낚시를 좋아한다. 배낚시를 하다 보면 평소 멀미를 하지 않던 사람도 멀미를 느낄 때가 있다. 바로 낚싯바늘에 지렁이를 끼울 때다. 지렁이를 끼우려고 눈앞에 낚싯바늘을 바짝 대고 초점을 맞추고 있을 때 배가 흔들리면 멀미가 난다. 그때는 얼른 먼 곳을 바라봐야 한다. 배가 흔들릴 땐 멀리 바라보라고 낚시 선배들도 얘기해준다.

가게를 운영하면서 장사가 안될 때마다 나는 손정의 회장의 말을 자주 생각했다. 그렇다. 눈앞을 보기 때문에 멀미를 느끼는 것이다.

서비스를 제공할 때는 아주 디테일한 곳까지 초점을 맞추고 봐야 하지만 전체적인 경영을 위해서는 멀리 바라봐야 한다. 나는 5월에 메밀국숫집을 오픈했다. 따뜻한 봄을 지나 더운 여름이 오면서 장사가 잘됐다. 그러다 날씨가 쌀쌀해지고 겨울이 깊어가면서 시름도 깊어갔다. 다시 여름이 오면 충분히 만회할 수 있는데도 의연해지기 쉽지 않았다. 장사하는 사람은 장사가 안될 때 특히 약해진다. 손님의 말 한마디에도 속절없이 흔들린다. 사장이 흔들리면 직원들이 흔들리고 가게는 산으로 간다.

메밀국수 식당은 11월이 최악의 달이다. 11월에는 순이익이 0원이다. "적자가 아니라 다행이야"라고 말했지만 속으로는 조바심을 치고 안달을 냈다. 책을 읽으면서 겨우겨우 버텼다. 지금은 장사가 안된다고 안달복달하지 않는다. 그래봐야 아무 소용이 없다는 걸 알기 때문이다.

우리에게 불행이 닥치는 것은 마치 태풍이 불어오고 폭우가 쏟아지는 것과 같다. 우리 힘으로는 비를 멎게 할 수 없고 몰아치는 바람을 멈출 수도 없다. 그러니 이렇게 생각하는 편이 낫다.

'오늘은 비가 오는군. 옷이 조금 젖겠네. 하지만 시간이 지나면 마르니까.'

또는 안전한 집 안으로 들어가 태풍과 폭우가 지나가길 기다리면 그만이다.

불안하고 우울할 때

불안을 잊는 법: 《팡세》

불안은 어쩌면 숙명 같은 것이다. 인간은 신이 아니기 때문이다. 다음 순간에 어떤 일이 일어날지 아는 사람은 아무도 없다. 미래에 어떤 일이 닥칠지 누구도 알 수 없다. 우리는 누구나 불안하다. 돈도 인기도 다 가진 유재석조차 불안할 때가 있을 것이다.

한번은 정준하 형과 사우나에 갔다가 몸이 퉁퉁 불 때까지 이야기를 나눈 적이 있다. 형은 지금 제2의 전성기를 맞아 행복하지만 마음 한구석엔 늘 불안한 마음이 있다고 했다. 〈무한도전〉도 언젠가는 끝날 테고 그러면 어떻게 될지 불안했다는 것이다.

연예인들은 늘 불안하다. 인기가 없어도 불안하고 인기가 많아도 불안하다. 인기라는 것이 노력만으로 어떻게 할 수 있는 게 아니기 때문이다. 연예인들의 불안감은 상상을 초월하는 수준이다. 밤에 잠을 잘 수가 없다. 연예인들이 여러 가지 유혹에 쉽게 넘어가는 것도 이 때문이다.

보통 사람도 불안감을 느끼기는 마찬가지다. 처음 가게를 오픈할 때 나도 엄청나게 불안했다. 잠이 안 왔고, 어렵게 잠들었다가도 수없이 깼다. 자고 있을 때도 불안하고 깨어 있을 때도 불안했다. 대박을 터뜨려 세상 돈을 다 긁어모을 것 같다가도 어느새 최악의 시나리오가 상상되곤 했다.

그러다가 파스칼의 명상록《팡세》를 읽고 편안해졌다. '팡세'는 프랑스어로 '생각'이라는 뜻이고,《팡세》는 파스칼이 생전에 써놓은 생각들을 묶어 사후에 출간한 책이다. "인간은 생각하는 갈대다"와 같은 사색적인 단상들로 이루어져 있어 마음을 차분히 가라앉혀주고, 보다 근본적인 질문으로 눈을 돌리게 해준다.

책을 읽고 나자 불안한 마음이 가라앉고 그저 현재에 충실하면 된다는 생각이 들었다. 어떻게 하면 손님들에게 더 감동을 줄 수 있을까, 어떻게 하면 더 재미있는 가게를 만들 수 있을까만 고민하기로 했다.

난 당장 가게에서 내가 할 수 있는 일만 생각했다. 손님이 올까, 안 올까 하는 생각은 아예 잊기로 했다. 그건 미래의 일이고, 미래는 현재에 달려 있기 때문이다. 내가 오늘 실컷 먹고 누워서 잠만 자면 미래의 어느 날 내 몸무게는 늘어 있을 것이다. 내가 오늘 절제해서 먹고 열심히 운동하면 미래의 어느 날 내 몸무게는 줄어 있을 것이다. 인생은 의외로 이렇게 단순하다. 오늘 책을 읽으면 미래의 어느 날 내 인생은 풍요로워져 있을 것이다.

그러니 미래를 불안해할 이유가 어디 있는가. 지금 이 순간에 충실하면 된다.

질문을 바꿔라: 《이카루스 이야기》

대답이 아니라 질문을 찾자.

_《이카루스 이야기》 중에서

《이카루스 이야기》에 나오는 짧고 강렬한 조언이다. 우리는 학교에 다니는 동안 너무 정답을 찾는 훈련만 받아왔다. 그런데 질문이 잘못되면 답도 잘못된다. 질문이 옳아야 답도 옳다.

더욱이 대한민국 사람들은 질문이 없다. 오바마 전 미국 대통령이 "이번엔 한국 기자분들 질문하세요"라고 했을 때 단 한 명도 질문하는 기자가 없던 동영상이 화제가 되지 않았던가.

내가 책을 읽으면서 깨달은 점 하나는 자기 자신에게 질문 하나만 제대로 던져도 성공한 인생을 살 수 있다는 것이다.

요즘 우울한가? 그렇다면 질문을 바꿔보라. 스스로 질문을 던지면 우리 뇌는 반드시 대답을 한다고 한다. 예를 들어 "나 왜 이렇게 우울하지?", "왜 이렇게 힘이 들지?" 하고 질문을 던지면 우리 뇌는 우울하고 힘들었던 순간들을 찾아 머릿속에 그 영상을 띄운다. 그러면 더 우울해지고 더 힘이 들 수밖에 없다.

"왜 이렇게 우울하지?"

그걸 알아서 뭐 하려고 묻는가? 알아야 해결할 것 아니냐고? 그럼 어떻게 해결해야 할지를 물어야 하는 것 아닌가? 결국 우울하기 싫고 힘들기 싫어서 묻는 것 아니냐는 말이다. 그러니 질문을 바꿔야 한다.

"어떻게 하면 기분이 좋아질까?"

"어떻게 해야 행복해질까?"

지금부터 모든 질문을 긍정적으로 바꿔보자.

"왜 이렇게 기분이 나쁘지?" 대신 "뭘 하면 기분이 좋아질까?"로.

"왜 이렇게 초조한 거야?" 말고 "어떻게 하면 마음이 진정될까?"로.

"살이 왜 이렇게 안 빠지는 거야?"가 아니라 "어떻게 하면 날씬해질까?"로.

슬럼프에 빠졌을 때

'하려 한다'로 살자: 《차라투스트라는 이렇게 말했다》

> 나는 글로 쓰인 모든 것 가운데서 오로지 피로 쓰인 것만을 사랑한다. 피로 써라. 그러면 그대는 피가 곧 정신인 것을 알게 되리라. 타인의 피를 이해하기는 쉬운 일이 아니다. 나는 빈둥거리며 책을 읽는 자들을 증오한다.
>
> _《차라투스트라는 이렇게 말했다》 중에서

니체의 이 말은 굉장히 무섭다. 난 예전부터 생활이 좀 나태해진다

싶으면 이 글을 읽곤 했다. 그러면 정신이 바짝 든다. 니체의 말을 인용하며 글을 쓰고 있는 지금도 무척 긴장된다. 피로 쓰라는 건 곧 목숨 걸고 쓰라는 말이다. 절실하게 쓰라는 말이다.

가게를 오픈하고 1년 정도 지나면 초심이 사라지기 시작한다. 인간이라면 누구나 겪는 일이다. 이런 순간을 잘 넘겨야 한다. 되도록 빨리 넘길수록 좋다. 다시 한번 정신을 무장하고 초심으로 돌아가야 한다.

이럴 때《차라투스트라는 이렇게 말했다》를 읽어보라. 마음을 움직이는 문장을 따로 적어놨다가 읽어봐도 좋다. 암송해서 가끔 되새기면 더 좋다. 니체 역시 피와 잠언으로 글을 쓰는 자가 바라는 것은 읽히는 것이 아니라 암송되는 것이라고 했다.

피로 써라. 피로 요리하라. 피로 아이디어를 내라. 하지만 누구든 1년 365일, 하루 24시간 내내 집중할 수는 없다. 똑똑하게 계획을 잘 세워야 한다. 누구든지, 어떤 사업이든지 슬럼프가 오고 불안한 시간이 찾아온다. 그럴 땐 방황하지 말고 조용히 앉아서《차라투스트라는 이렇게 말했다》를 펴라.

> 거대한 용은 '너는 해야 한다'라고 불린다. 그러나 사자의 정신은 '나는 하려 한다'라고 말한다.
>
> _《차라투스트라는 이렇게 말했다》 중에서

1972년에 태어나 2005년 교통사고가 나기 전까지 나는 '너는 해야 한다'로 살았다. 교통사고 후부터 지금까지는 '나는 하려 한다'로 살고 있다. 병원에 누워서 삶을 갈망했다. 피로 갈망했다. 그리고 인간이 궁극적으로 원하는 것이 자유임을 깨달았다. '너는 해야 한다'의 삶에는 자유가 없다. '나는 하려 한다'의 삶에 자유가 있다. '자신의 힘으로 도는 바퀴'가 되어야 한다. 다른 바퀴에 끼어 돌아가면 안 된다.

서른 중반에 방송국이라는 큰 바퀴에서 떨어져 나왔다. 비로소 자유가 생겼다. 난 혼자서 돌고 있는 작은 바퀴다. 혼자서 도는 힘을 계속 키워나갈 것이다. 차라투스트라가 묻는다. 자신의 힘으로 그대 주위를 돌게 할 수 있는가?

니체는 '한 번도 춤추지 않은 날은 우리에게 잃어버린 날'이 될 것이고 '한 번도 웃음소리가 울려 퍼지지 않는 진리는 모두 우리에게 거짓이라고 불릴 것'이라고 말했다.

이 글을 읽는 당신은 1년에 몇 번 춤을 추는가? 아마도 많지 않을 것이다. 전혀 없을 수도 있다. 사실 우리에겐 춤이 익숙한 문화가 아니다. 춤을 출 기회도 별로 없을뿐더러 있다고 해도 쑥스러워서 슬슬 빼고 만다. 나 역시 가게를 운영하고 나서는 춤을 출 기회가 거의 없었다. 니체의 말대로라면 우리의 날들은 모두 잃어버린 날들이다. 슬프다.

난 이 글을 읽고 가게에서 춤을 추기로 마음먹었다. 가게에서 서빙을 할 때 나는 뛰어다닌다. 신나서 뛰어다닌다. 쟁반 메밀국수를 비벼줄 때는 정말로 춤을 추는 것 같다. 면을 삶아 건져 올리고 찬물에 헹구고 그릇에 담는 모든 동작이 춤이다. 춤이라고 생각하면 피곤하지 않다. 우린 춤추며 일할 수 있다. 당신도 자신의 일터에서 춤을 춰보라. 남들은 눈치 못 채게 살짝 시작해보자. 춤을 춘다고 생각하고 일을 해보라. 컴퓨터 자판을 두드리며 춤을 출 수 있다. 물건을 정리하며 춤을 출 수 있다. 요리를 하며 춤을 출 수 있다. 아이디어 회의를 하며 수많은 상상으로 뇌를 춤추게 할 수 있다. 우리는 얼마든지 춤을 출 수 있다. 내 의지만 있다면!

한 번도 춤추지 않은 날은 잃어버린 날이다. 난 지금 마흔여섯 살이다. 그렇다면 40년 이상을 잃어버린 셈이다. 또 슬프다. 아이들은 모든 것이 춤이다. 밥을 먹을 때도 맛있다며 쉬지 않고 몸을 움직인다. 그런 아이들은 늘 즐겁다.

기분이 좋지 않아서 춤을 못 추는 것이 아니다. 춤을 추지 않아서 기분이 좋지 않은 것이다. 지금 당장 폴짝 뛰어보자. 뛰면서 거울에 비친 자신의 얼굴을 보라. 분명 웃고 있을 것이다. 춤을 추면 웃는다. 웃으면 행복하다. 내 춤은 다른 사람에게 웃음을 준다. 웃음을 불러오는 내 몸짓은 니체의 말에 따르면 진리다. 춤을 추는 내가 진리다.

동료가 나보다 월급이 많아 분할 때

억울해하지 말고 축하하라: 《나중에 온 이 사람에게도》

주인이 나중에 와서 일한 사람에게도 똑같이 한 데나리온을 주자 아침부터 와서 일한 사람이 주인에게 따진다. "저 사람은 나보다 적게 일했는데 왜 똑같이 돈을 줍니까?"

존 러스킨의 《나중에 온 이 사람에게도》에 나오는 이야기다.

동료가 나보다 월급을 많이 받으면 화가 난다. 그걸 우연히 알게 되면 분에 못 이겨 사직서를 내기도 한다. 하지만 내가 받기로 한 하루 품삯을 받았으면 그걸로 만족하자. 다른 사람이 나보다 일을 적게 했는데 똑같이 받았다고 분해하지 말자. 항의한다고 내가 돈을 더 받을 수 있는 것도 아니다. 주인이 주고 싶어서 줬다는데 어쩔 건가? 그 돈은 내 돈이 아니다.

오히려 나중에 온 그 사람을 축하해주자. 무슨 사연으로 늦게 온 건지 모르겠지만 하루를 살 수 있는, 가족을 하루 보살필 수 있는 돈을 받은 것을 같이 일하는 입장에서 축하해주자. 그런 돈을 준 주인의 너그러움에도 존경을 표해주자.

물론 약이 오를 수 있다. 하지만 그러기 시작하면 끝이 없다. "나도 내일 늦게 와서 일할 테니 하루치 일당 다 줘요"라고 주인에게 얘기하는 단계까지 간다. 그럼 주인은 "말도 안 되는 소리 하지 말고 일찍 안 올 거면 아예 오지 마" 하고 잘라버린다.

돈에 대한 욕심을 버리자. 특히 내 것이 아닌 돈에 대해서는.

2000년대 초에 주식 열풍이 불었던 적이 있다. 내 주위에 있는 사람들 대부분이 주식 투자를 했다. 난 얼리 어답터여서 당시 집에서 인터넷이 가능한 몇 안 되는 개그맨이었다. 천리안·나우누리·하이텔 시절 찌지직대는 모뎀 연결음을 들으며 선배들의 주가를 확인해줬다. 그런데 돈을 번 사람이 한 명도 없었다.

더 많이 벌고 싶다는 욕심 때문이었다. 한 선배의 주가는 무려 다섯 배까지 올랐다. 하지만 무조건 열 배까지 오른다는 말에 팔지 않고 기다렸다. 결과는 말하지 않아도 알리라. 많은 사람이 경험해본 일 아닌가.

《나중에 온 이 사람에게도》는 사람의 얼굴을 한 경제학책이라고 할 수 있다. 약자를 배려하고 이익을 함께 나누고 이타적인 행동을 할 때 결국은 모두에게 이익이 된다는 내용이다.

나는 이 책을 읽고 돈보다 더 중요한 것들이 있음을 배웠다. 물론 이미 알고 있었다. 머리로는. 난 이 책 덕분에 내가 더 벌 수 있는 돈을 함께 일한 동료들에게 기꺼이(이 부분이 중요하다) 주었고, 그들은 지금 내 사업의 소중한 멤버들이 돼 있다.

참 신기하다. 돈 욕심을 버리면 오히려 돈이 날 찾아온다. 직원들과 수입을 나누는 인천의 냉면집 얘기를 들어본 적이 있는가? 할머니 사장님이 전략적으로 그렇게 하신 건 아닐 것이다. 그저 돈에 크게 욕심이 없고 남을 위할 줄 알아서 그렇게 하셨을 것이다. 일반 회사도 다르지 않다. 한 사람이 너무 많이 가지려 하면 꼭 사고가 생긴다. 특히 오너가 여유를 가지고 직원들에게 충분히 나눠줘야 회사도 크고 돈도 더 잘 벌린다.

기부할수록 내 수입이 늘어난다: 《기브앤테이크》

실제로 기부는 사람들이 더 부자가 되게 해주는 듯하다. 예를 들어 당신과 내가 모두 1년에 6만 달러의 수입을 올린다고 해보자. 내가 올해 1600달러를 기부하고 당신은 2500달러를 기부한다면 수입에 어떤 변화가 있을까? 당신이 나보다 900달러나 더 포기했지만 증거에 따르면 당신은 내년에 나보다 3375달러를 더 번다. 놀랍게도 더 많이 기부하는 사람이 앞으로 더 많이 번다.

_《기브앤테이크》 중에서

돈이 인생의 목적이 되어서는 안 된다. 돈이 최고의 가치가 되어서는 안 된다. 이건 상식이다. 누구나 그렇게 생각한다. 난 지금까지 "내 인생의 최종 목적은 돈이다", "인간이 추구해야 할 궁극적인 가치는 돈이다"라고 말하는 사람을 한 명도 못 봤다. 하지만 가만히 생각해보라. 우리는 돈을 가장 중요시하지 않는가?

돈을 위해 다른 사람을 착취하고, 남을 해치고, 안전을 무시하고, 가족을 등한시하고, 스스로를 혹사한다. 어쩌면 목숨보다 돈을 더 중요하게 여기는지도 모른다.

그런데 돈이 중요할수록 돈을 가지려 하지 말고 나눠야 한다. 기부를 하면 할수록 더 부자가 된다. 애덤 그랜트의 《기브앤테이크》에 의하면 1달러를 더 기부할 때마다 3.75달러씩 수입이 늘어난다. 또 다른 사람의 이익을 먼저 생각하는 사람이 자기 이익부터 챙기는 사람보다 성공할 가능성이 50퍼센트나 높다. 정말 놀라운 연구 결과 아닌가? 우리는 착한 사람은 손해를 보고 이기적인 사람이 성공한다고 생각해왔으니까. 《기브앤테이크》는 이처럼 놀라운 연구 결과와 구체적인 사례를 근거로 결국은 이타적인 '기버giver'가 성공한다는 사실을 보여준다.

정말로 기부를 하겠다고 작정하면 돈이 편하게 벌리는 경향이 있다. 목표 수준이 높아지기 때문이다. '돈을 많이 벌어 기부를 하겠다'는 '돈 많이 벌어 나 혼자 잘 먹고 잘살겠다'보다 확실히 높은 수준의 목표다. 난 실제로 어느 중소기업 대표가 "나 돈 많이 벌어야 해요. 목표 기부액을 아직 못 채웠어요"라고 말하는 걸 들었다. 그 회사는 해마다 업계 평균 이상으로 성장하고 있다. 목표 수준이 높으면 성취 수준도 높아진다.

창업 아이템을 잡을 때도 오로지 돈을 벌겠다는 목적으로 아이디어를 내면 결과가 좋지 않다. 이건 내 경험이다. 다른 사람에게 도움을 주겠다고 생각해야 결과가 좋다. 파는 사람도 좋고 사는 사람도 좋아야 한다. 그 소비 덕에 세상도 좋아진다면 금상첨화다.

요즘 동네 책방들이 많이 생겼다. 난 이런 책방을 연 것 자체가 기부라고 생각한다. 동네 책방으로는 큰돈을 벌 수 없다. 그저 책을 좋아하고 책에서 도움을 받은 이들이 다른 사람들을 위해 책방을 열었다고 나는 생각한다. 이런 책방에 가보면 주인장들의 얼굴이 항상 밝고 좋다. 기부하는 사람의 얼굴이다.

생각해보면 기부야말로 서로 잘사는 일이다. 기부받은 사람은 도움을 얻어 좋고, 기부하는 사람은 돈을 더 많이 벌게 되니 좋다.

행복해지고 싶을 때

행복이란 만족하는 것: 《스스로 행복한 사람》

《스스로 행복한 사람》은 존경받는 미국의 사상가이자 시인인 랠프 월도 에머슨의 잠언집이다. 에머슨은 자기 자신을 믿고 홀로 설 수 있는 사람이 스스로 행복한 사람이라고 말한다. 누가 날 행복하게 해줄 거라고 생각하는 사람, 내가 아닌 다른 사람에게서 행복을 찾는 사람, 내 인생을 살지 않고 다른 사람들에게 휘둘리며 사는 사람은 결코 행복을 찾을 수 없다.

행복 외에도 여러 주제에 걸쳐 좋은 글들이 많다. 이 책을 읽는 것 자체가 행복이다. 나는 이 책을 읽고 행복이란 무엇인지 생각해봤다.

그리고 20년 전 어느 날이 떠올랐다.

1997년 개그맨 공채 시험에 합격하고 얼마 안 됐을 때다. 홍대 근처를 걷다가 BMW Z4를 실물로 봤다. 시골에서 올라온 내 눈에 그 차는 환상적으로 보였다. 정말 아름다웠고 그 차가 갖고 싶었다. '내 인생의 목표는 저 차다' 하고 생각했다.

그로부터 5년 후, BMW Z4는 이제 눈에 들어오지도 않았다. 난 그보다 더 좋은 차를 샀다. 나는 그 차에 만족했을까? 아니, 더 비싼 차를 사고 싶었다. 만일 포르쉐를 산다면 만족할 수 있을까? 절대 못 한다. 아마 더 좋은 차에 눈을 돌릴 것이다.

사업으로 1년에 수십억 원씩 버는 지인이 있다. 소유한 땅도 어마어마하다. 그중 한 곳엔 캠핑장을 지었는데 거기서 나오는 수입도 많다. 그렇게 돈을 잘 버는 그가 "지금보다 한 달에 100만 원씩만이라도 더 벌었으면 좋겠다"라고 말한다.

우리는 어디선가 멈춰야 한다. 어딘가에서 만족해야 한다. 그래야 행복할 수 있다. 행복은 주어지는 것이 아니라 만드는 것이다. 나로부터 눈을 돌려 다른 사람을 쳐다봐야 한다. 도와야 한다. 마흔여섯 살이 된 지금 그렇게 생각한다. 책을 읽고 하게 된 생각이다.

내가 이 책을 쓴 이유는 사람들이 책과 친해지기를 바라는 마음에서다. 책과 친해지면 만족하는 법을 배운다. 욕망을 버리는 법을 배운다. 행복해지는 법을 배운다. 돈을 벌고 싶으면 돈 버는 법을 배운다. 죽음이 두려우면 두려움을 극복하는 법을 배운다. 결국 어떻게 살 것인가를 배운다.

나 고명환은 어떻게 살 것인가? 어렴풋이 보이던 것이 점점 분명해지고 있다. 바로 남을 위해 살자는 것이다. 그것이 곧 나를 위해 사는 것이다. 그래서 난 책을 쓰고 강의하는 삶을 택했다. 나로 인해 누군가의 삶이 행복해진다면 난 그보다 더 행복해진다. 이건 분명한 사실이다. 나보다 먼저 세상을 살다 간 수많은 현자가 그렇게 말했고, 내 경험상으로도 그렇다.

가만히 생각해보라. 재벌 회장이 나보다 행복할까? 역대 대통령들이 나보다 행복할까?

내가 있는 자리에서 최선을 다하고 즐기고 만족하면 행복해질 수 있다. 물론 그전에 지금 이곳이 내가 있어야 할 자리인지를 꼭 확인해야 한다. 있어야 할 자리가 아닌 곳에서는 행복을 느낄 수 없다. 남들 눈에 좋아 보이든 나빠 보이든 그건 상관없다. 내가 그 자리에 있을 때 편하게 숨 쉴 수 있으면 된다.

나가며

당신은 지금 무슨 일을 하고 있나요?

어느 여름날 뙤약볕 밑에서 벽돌을 쌓는 사람들이 있었다. 지나가던 사람이 무슨 일을 하느냐고 물었다.

첫 번째 사람은 벽돌을 쌓고 있다고 대답했다. 두 번째 사람은 돈을 벌고 있다고 대답했다. 세 번째 사람은 미소 띤 얼굴로 이렇게 대답했다.

"저는 지금 아름다운 성당을 짓고 있답니다."

새해 첫날, 지금은 없어진 봉천동 서점에서 이 이야기를 읽다가 정신이 번쩍 들었다.

"고명환, 너는 무슨 일을 하고 있냐?"

"그저 웃기기만 하고 있냐?"

"아니면 돈을 벌기 위해 그렇게 방송국에 끌려나가고 있는 거냐?"

"도대체 넌 뭐 하는 놈이냐?"

마음속의 목소리가 점점 커지면서 나에게 대답을 강요했다.

당장 계산대로 달려가 책을 구입했고 단숨에 다 읽었다. 이때보다 더 뿌듯한 새해를 맞이한 적이 없었다. 내 인생에서 가장 아름다운 1월 1일이었다. 이날부터 난 본격적으로 답을 찾기 시작했다.

"고명환, 너 뭐 하는 놈이냐?"

"고명환, 너 뭐 할 거냐?"

"고명환, 너 지금 뭐 하고 있냐?"

결국은 '나는 누구이고 나는 왜 존재하는가?'라는 질문에 부딪히게 된다. 이 질문에 대한 답을 쉽게 찾을 수는 없다. 그래서 미친 듯이 책을 읽기 시작했다. 나는 왜 존재하는가? 모든 존재에는 이유가 있다. 나무는 나무대로 할 일이 있고 꿀벌은 꿀벌대로 할 일이 있다.

나도 이 지구에 존재하는 이유가 반드시 있을 것이다. 그게 무엇인가? 아마도 이 질문의 답을 찾아가는 여정이 인생일 것이다.

지금 이 책을 읽고 있는 당신. 당신은 지금 무슨 일을 하고 있는가? 그저 벽돌을 쌓고 있는가, 돈을 벌고 있는가, 아니면 아름다운 성당을 짓고 있는가? 이 질문에 바로 대답할 수는 있는가?

나는 스스로 '돈을 벌고 있다'에서 '아름다운 성당을 짓고 있다'로 넘어가는 중이라고 본다. 책이 시키는 대로 사는 중이다. 책이 시키는 대로 지금 이 책을 쓰고 있고, 책이 시키는 대로 요즘은 철학책을 읽고 있다. 그저 책을 읽고, 느낀 것이 있으면 행동으로 옮기기만 하면 된다. 얼마나 쉬운가? 그러다 보면 내 인생이 완성된다. 그러다 보면 어느 날 아름다운 성당을 짓고 있는 나를 발견하게 되리라.

이 책을 쓰면서 난 정말 소중한 것을 얻었다. 매일 글을 쓰는 습관을 가지게 됐다. 이 얼마나 큰 축복인가. 또 하나, 책을 쓰는 동안 책을 더 많이, 더 깊이 읽을 수 있었다. 흩어져 있던 생각들을 정리할 수 있는 시간이기도 했다. 난 이미 이 책으로 받을 걸 다 받았다.

내게 가장 여유로운 시간은 아침이다. 우리 동네 커피숍 가운데 오전 7시에 문을 여는 곳에서 매일 한두 시간씩 책을 썼다. 이제는 습관이 돼서 하루라도 글을 쓰지 않으면 종일 허전하고 찜찜하다.

매일 글을 쓰는 습관을 가진다는 게 얼마나 좋은지 아는 사람은 알 것이다. 이른 아침 커피숍에서 책 읽고 글 쓰는 시간이 이제는 하루 중 가장 행복한 순간이 됐다. 가끔 아내도 함께 와서 같이 커피 마시며 책도 같이 읽고 책 이야기를 나누기도 한다.

당신도 꼭 한번 해보기 바란다. 글쓰기가 습관이 되면 정말 좋다. 글쓰기를 정복하는 순간 세상을 정복했다고 보면 된다. 해보면 내가 왜 이렇게 얘기하는지 알 것이다. 어려워할 필요 없다. 마흔여섯 살의 개그맨도 이렇게 글을 쓰고 있지 않은가. 심지어 그 개그맨은 자기가 쓴 글에 자기가 감동한다.

나는 내 연기를 보는 것보다
내 노래를 듣는 것보다
내 글을 읽는 게 좋다.
내 연기나 노래로 감동을 받은 적은 없지만
내가 쓴 글을 읽고 몇 번
아주 작지만 감동받은 적이 있다.

로버타 진 브라이언트의 《누구나 글을 잘 쓸 수 있다》를 읽다가 여백에 적어놓은 글이다.

이 책을 통해 당신에게 가장 전해주고 싶은 인생의 기술은 바로 책 읽기와 글쓰기다. 꼭 한번 해보고 얼마나 좋은지를 주변 사람들에게도 알려주기 바란다.

앞으로도 나는 글을 계속 쓸 생각이다. 인생에 이만큼 유익한 작업도 흔치 않다. 당신도 부디 글쓰기를 통해 생각을 정리하고, 꿈을 세우고, 돈이 저절로 굴러들어 오는 날들을 맞이하시길.

창업하기 전 반드시 던져야 할 질문 7

1. 나는 왜 이 일을 하는가?

모든 일에 가장 먼저 필요하고, 가장 중요한 것이 철학이다. 대기업에만 기업의 이념, 목표가 있는 게 아니다. 1인 식당에도 철학이 먼저 정립돼 있어야 한다.

'나는 왜 이 사업을 하는가', '나는 왜 이 식당을 운영하는가'에 대해 답할 줄 알아야 한다. 정답은 없다. 자기만의 철학을 세우면 된다.

내가 추천하고 싶은 철학은 《그리스인 조르바》에 나오는 이 문장이다.

나를 구하는 유일한 길은 남을 구하려고 애쓰는 것이다.

_《그리스인 조르바》 중에서

내가 처음 장사를 시작했을 때만 해도 나만의 철학이 없었다. 그냥 남들이 말하는 대로 했다.

"장사는 최대한 많이 남겨야 돼."

"너 이렇게 하면 손해야."

"오로지 너만의 행복을 위해 재산을 모아."

이런 말들을 바탕으로 장사를 시작했다가 네 번을 말아먹었다.

《쇼펜하우어의 행복론과 인생론》에서 쇼펜하우어는 이렇게 말한다.

가장 중요한 것은 직관을 개념 앞에 두어야 한다.

_《쇼펜하우어의 행복론과 인생론》 중에서

'직관'은 말 그대로 직접 관찰한다는 뜻이다. 내가 스스로 관찰하는 '직관' 뒤에서 스스로 판단하고, 내 기준에 맞춰 철학을 세우면 된다. 그리고 '개념'은 이렇게 개개인이 세운 철학 중에 공통되는 생각들이다.

쇼펜하우어가 직관을 개념 앞에 두라고 한 것은 '개념'을 무시하라는 뜻이 아니다. 직관이 우선시되어야 하지만 개념 없이는 아무것도 완성될 수 없다. 개념 위에 직관을 통한 철학을 세워야 한다.

개념을 기본에 두고 그 위에 자신의 직관으로 자기만의 경영철학을 만들어야 한다. 직관이 울퉁불퉁한 나만의 모습이라면 개념은 울퉁불퉁함을 깨뜨려서 매끄럽고 비슷비슷한 모양으로 만든 공통의 생각이다. 남들이 좋다는 대로 사업을 하는 건 이리저리 끌려다니는 전형적인 악순환의 시작이다.

최근에 내가 만든 장사 철학은 이렇다.

"내가 만든 상품을 나답게 판매하자."

'나답게' 만들고 '나답게' 판매하라. 누구의 눈치도 보지 마라.

만약 나답게 만들었는데 팔리지 않으면 나의 기준을 높이면 된다. 독서와 배움을 통해 나의 수준을 높이면 된다. 남에게 물을 필요는 없다. 스스로 할 수 있다.

'나답게' 만든 상품을 고객에게 내놓을 때 부끄럽지 않아야 한다.

'나답게' 만든 제품은 자랑스러워야 한다. 요식업을 하는 사람이라면 음식을 테이블에 내려놓을 때 자부심이 있어야 한다. 티끌만큼의 거리낌도 있어서는 안 된다.

우리는 모두 다른 모습으로 태어났다. 나만의 울퉁불퉁함이 있다. 그런데 어릴 때부터 받은 개념 교육 때문에 나만의 울퉁불퉁함이 사라졌다. 아니, 사라진 게 아니라 잠시 덮여 있는 것이다. 그래서 쇼펜하우어가 개념 앞에 직관을 두라고 말한 것이다. 나를 덮고 있는 개념을 내 직관으로 뚫어야 한다. 그게 바로 임계점을 돌파한다는 말이다. 내가 세상을 만들어 그 세상에서 나답게 살면 된다. 내가 기업을 만들고 상품을 만들어 나답게 팔았는데 팔리지 않는다면 내 기준을 높이면 된다. 잘 팔릴 때까지. 간단하다.

"나를 구하는 유일한 길은 남을 구하려고 애쓰는 것이다."

모든 사람이 '나답게' 철학을 만들 때 적용할 수 있는 문장이다. 내 상품을 만들 때 내 매출, 내 행복을 먼저 추구하지 말고 남을 먼저 생각해보라.

나는 '남'을 통해 완성된다. 이게 바로 돈을 좇지 않고 선순환으로 가는 길이며 서둘지 않으면서도 더 큰돈을 벌 수 있는 방향이다. 속도

보다 방향이 훨씬 중요하다. 돈을 안쪽으로 끌어모으는 대신 가치를 밖으로 내보내면 돈은 한 바퀴 돌아서 저절로 내게 돌아온다. 밖으로 내보낸 가치가 도는 한 바퀴가 크면 클수록 많은 돈을 저장해 내게로 돌아온다.

돈을 좇으면 작은 돈밖에 벌 수 없는 게 바로 이 원리 때문이다. 크게 밖으로 내보내라. '나답게' 밖으로 흘려보낸 가치가 굴러다니며 돈을 모아 당신에게 돌아온다.

2. 창업할 것인가, 프랜차이즈를 할 것인가?

결론은 창업하라다. 그런데 본인만의 레시피가 없다면 일단 프랜차이즈를 하고 그 후에 나만의 레시피를 만들어 창업하라. 또 본인만의 레시피가 있더라도 프랜차이즈를 먼저 경험해본 후에 창업하는 것도 나쁘지 않다. 양쪽 입장을 다 이해해야 제대로 된 본사가 될 수 있기 때문이다.

1 어떤 프랜차이즈를 골라야 할까?

유명 프랜차이즈는 안정적이다. 오픈하자마자 어느 정도의 매출은 바로 올릴 수 있다. 브랜드 파워가 있기 때문이다. 하지만 그만큼 비용이 많이 든다. 수익도 크지 않다. 유명하다는 것은 그만큼 비용도 인건비도 많이 나간다는 뜻이다.

유명 치킨 브랜드가 닭 한 마리를 팔면 거기서 나가는 광고비, 인건비, 마케팅비가 적지 않다. 정작 가맹점주에게 돌아오는 수익은 크지 않다. 본사와 브랜드가 유지되어야 하기 때문에 거기에 들어가는 돈을 줄일 수 없다. 결국 가맹점주의 수익을 줄일 수밖에 없다. 그런데 점주들의 수익이 줄어들면 불만의 목소리가 높아지고, 점주들이 견딜 수 없는 단계에 이르면 결국 소비자에게 파는 치킨 가격을 올리는 것이다. 이 굴레를 잘 이해해야 한다.

유명하지 않은 프랜차이즈는 가맹비, 로열티, 교육비, 인테리어 등등 모든 분야에서 유명 브랜드보다 저렴하다. 하지만 브랜드 파워가 없기 때문에 시작하자마자 매출을 많이 올릴 수 없다. 결국 함께 성장해야 한다. 만일 프랜차이즈의 상품이 '내가 이 브랜드를 유명하게 만들겠어'라는 각오가 절로 생길 정도로 좋다면 도전해봐도 좋다.

2 프랜차이즈를 할 땐 최대한 위에서!

프랜차이즈를 시작할 땐 삼각형의 제일 밑바닥은 피하고 최대한 위로 올라가야 한다. 각 지역의 가맹점주가 삼각형의 가장 밑바닥이고, 본사가 삼각형의 맨 위 꼭짓점이다. 그 중간에는 지사장들이 있다.

서울지사, 경기지사, 충북지사, 경북지사 등등. 바로 이런 중간 지점에서 시작하는 것이 가장 좋다.

내가 매장을 하나 운영하면서 지사권을 가지고 있으면 그 지역에 매장이 생길 때마다 추가로 수익을 꾸준히 얻을 수 있다. 물론 이것 역시 안목이 있어야 할 수 있다. 각 지역의 지사권은 브랜드마다 가격이 천차만별이다. 말만 잘하면 얻을 수 있는 지사권도 있다. 이제 막 시작한 프랜차이즈 대표에게 찾아가서 말로 설득해보라. 본인의 열정과 비전을 제시하고 브랜드를 키워내겠다고 당당하게 말하라. 돈 한 푼 안 들이고 지사권을 얻어낼 수도 있다. 도전하라. 손해 보는 장사가 아니지 않은가.

보통 지사권을 가지면 로열티, 인테리어비, 가맹비 등등을 본사와 반씩 나눠 갖게 된다. 내가 매장을 운영하면서 추가로 이런 수익이 생긴다면 얼마나 신나는 일인가! 또 이런 목표가 있어야 매일매일 신나게 일할 수 있다.

그리고 그 과정에서 후에 본인이 창업할 때 알아야 할 것들을 미리 배우게 된다. 성공해도 배우고 실패해도 배운다. 인생의 모든 가르침에는 수업료가 필요하다. 1원도 손해 보지 않겠다고 생각하면 안 된다. 기꺼이 투자한다고 생각하라. 망해도 그 과정을 충실히 배우고 깨달았다면 수업료를 싸게 낸 것이다. 본인이 창업한 후에 망했다고 생각해보라. 끔찍하다. 망할 각오로 일단 도전하라. 그게 시작이고 과정이다.

3 나만의 브랜드를 꾸준히 생각할 것!

프랜차이즈로 창업한 후 일을 배우면서 동시에 해야 할 일은 본인이 창업할 브랜드 이름을 생각하는 것이다. 이름이 만들어져야 그다음이 이뤄진다.

프랜차이즈를 운영하며 나만의 브랜드 이름을 만들어놓아라. 그래야 본사가 되는 길이 빠르다. 틈이 날 때 네이밍하는 책을 읽고 길을 걸을 땐 항상 간판을 쳐다보라. 좋은 이름을 모방해보라. 기존의 이름을 살짝 비틀어보고 합쳐보고 뒤집어보는 것이다. 이름이 만들어지면 경영철학이 저절로 만들어진다.

내게 딱 맞는 이름을 만들 때까지 읽고 경험하고 생각하라. 그러다 보면 어느 순간 '이 이름이다' 할 때가 반드시 온다. 만들려고 하지 않아서 그렇지 간절히 노력하면 반드시 스스로 만들 수 있다. 세상을 이롭게 할 나만의 브랜드 이름을 먼저 만들어라.

4 장사의 고통을 몸으로 경험할 것!

프랜차이즈 경험을 통해 우리가 배워야 할 것은 '고통'이라는 단어다. 우리는 성공의 단어들은 이미 잘 알고 있다. 300억 매출을 올리고, 건물주가 되고, 내 브랜드의 프랜차이즈 매장이 1000개 이상 생기고……. 우리가 프랜차이즈 경험을 통해 알아야 할 단어는 이런 것들이 아니라 사업을 하면서 겪게 될 고통의 단어들이다. 이것들을 빠짐없이 찾아 미리 공부하고 경험하라.

고통의 단어를 배우는 단계 없이는 절대 성공할 수 없다. 젊어서 고생하라는 말이 바로 고통의 언어를 공부하라는 뜻이다. 고통을 고통으로 느끼지 않고 즐거움으로 느낄 때 그 사람은 세상을 정복한 것이고 하루하루 설레어하며 일하는 사람이 되는 것이다.

3. 회전율을 계산할 줄 아는가?

회전율은 무엇인가. 매장 내에 테이블이 10개 있고 10팀이 다녀갔다면 1회전이 된다. 이것이 바로 회전율이다. 의외로 장사를 시작할 때 회전율을 생각하지 않는 경우가 많다. 사실 잘되는 장사의 핵심은 회전율에 있는데 말이다.

내 매장의 '최대 회전율'을 먼저 계산할 수 있어야 한다. 업종마다 회전율은 다르다. 내 매장인 메밀국수 식당을 예로 들어보자.

손님이 주로 오는 시간은 11시 30분에서 1시 30분(평일과 주말이 다르니 따로 계산할 수 있어야 한다), 그리고 오후 5시 30분에서 7시 30분 정도다. 물론 중간중간에 오는 손님도 계산에 넣어야 한다. 4인 테이블이 10개라고 가정하고 한 테이블에 2.5명이 온다고 계산한다. 메밀국수는 특성상 먹는 데 시간이 오래 걸리지 않는다. 20분이면 충분히 한 바퀴를 돈다. 그렇다면 한 시간에 3회전이다. 메인 타임 외에 중간중간 들어오는 손님들은 최대 10테이블로 계산해서 1회전 추가한다.

(메인 타임)　4시간 × 3회전 = 12회전

(메인 타임 외) 1회전

물론 이건 최대 회전율이다. 현실에서 잘 일어나지 않는다. 참고로 전 세계적으로 꿈의 회전율이 10회전이다. 불가능한 건 아니다. '메밀꽃이 피었습니다' 일산 본점은 여름 주말에 15회전까지도 한다.

일단 최대치를 계산해보자. 위의 계산에 따르면 최대 회전율은 13회전이라는 예상치가 나온다. 그럼 매출을 예상해보자. 1회전당 손님 수는 대략 아래와 같다.

(1회전당 손님 수) 2.5명 × 10테이블 = 25명

한 그릇이 1만 원이라고 계산하면 1회전당 25만 원의 매출이 생긴다. 그렇다면 최대 회전율로 계산한 매출은 아래와 같다.

25명 × 10,000원 × 13회전 = 3,250,000원

하루 최대 매출은 325만 원이다. 한 달에 4일 휴무한다고 가정하면 한 식당에서 최대로 올릴 수 있는 매출은 8450만 원이 된다.

3,250,000원 × 26일 = 84,500,000원

이런 계산도 없이 무조건 "난 한 달에 1억 이상을 찍을 거야"라고 말하면 안 된다. 그런데도 무작정 매출을 많이 올리겠다는 목표를 세우고 창업을 하는 사람들이 많다.

자, 그럼 똑같은 가게에서 만두전골을 팔아보자. 만두전골을 끓여 먹고 나중에 국수도 먹고 볶음밥까지 먹는다. 최대한 빨리 먹어도 40분 걸린다. 그렇다면 두 시간에 3회전, 하루 종일 장사해도 5회전 정도 된다. 메밀국수 식당이 하루 325명의 손님을 받을 때 만두전골 식당은 125명을 받을 수 있다는 계산이 나온다. 똑같이 1인분에 1만 원을 받으면 하루 최대 매출은 다음과 같다.

(메밀국수) 2.5명 × 10테이블 × 13회전 × 10,000원 = 3,250,000원

(만두전골) 2.5명 × 10테이블 × 5회전 × 10,000원 = 1,250,000원

만두전골을 26일 장사한다고 하면 매출이 3250만 원이다. 그래도 매장 월세가 저렴해서 남는다면 괜찮다. 그런데 이게 최대 매출이다. 웬만한 매장에서는 수익을 남기기 어렵다. 그렇다면 만두전골 가격을 올려야 한다.

2.5명 × 10테이블 × 5회전 × 15,000원 × 26일 = 48,750,000원

2.5명 × 10테이블 × 5회전 × 20,000원 × 26일 = 65,000,000원

가격을 올리면 문제가 해결되는 것 같지만 이때 내가 만든 만두전골이 과연 2만 원의 가치가 있는지 알아야 한다. 2만 원의 가치가 없다면 손님은 다른 만두전골집으로 갈 것이다.

그렇다면 메밀국수가 훨씬 유리한 업종인가? 아니다. 메밀국수 식당의 경우 밤에 술손님이 거의 없다. 하지만 만두전골은 밤에 술손님이 꽤 있을 수 있다. 추가로 수육 같은 걸 판매하면 술손님을 더 끌어들일 수 있다. 이렇게 회전율로 매장의 최대 매출을 계산해보고, 그것을 보완해나갈 방법을 찾아야 한다.

회전율은 상권과 업종에 따라 차이가 난다. 술을 주로 파는 삼겹살 집은 계산 방법이 다르다. 자기 매장의 회전율을 정확하게 계산할 수 있어야 한다. 스스로 자기 기준에 맞춰 자기만의 회전율을 계산해보라. 그리고 어떻게 하면 회전율을 늘릴 수 있을지, 회전율을 늘릴 수 없다면 어떻게 객단가를 높일 수 있을지 고민하고 생각해서 답을 찾아라.

추가로 알려주고 싶은 팁이 있다. 이유 없이 커피 자판기를 매장에 설치하지 말라는 것이다. 회전율에 치명적이다. 사람들은 커피향을 맡으면 이야기하고 싶어진다. 식사 후 자판기 커피를 마시며 자리를 차지한다면 치명적이다. 만두전골이 맛있으면 커피자판기 없이도 장사는 잘된다.

자, 이제 스스로 회전율을 계산해보라. 꿈의 회전율 10바퀴 이상에 도전해보라. 할 수 있다. 몰라서 못하는 거다. 무작정 "많이 벌어야지"라고 목표를 세우면 절대 10바퀴 이상 회전할 수 없다. 내 능력치를 정확하게 알고 조금씩 늘려가야 한다. 알고 싸워야 이긴다. 회전율 계산은 기본 중에 기본이다.

4. 수익률은 얼마가 적당한가?

20퍼센트를 남겨라. 무작정 많이 남기겠다는 생각을 버려라. 악순환의 지름길이다.

수익률도 회전율과 마찬가지로 정확하게 계산할 수 있어야 한다. 매출에서 원재료비를 빼고 거기에서 다시 인건비, 임대료, 전기세, 수도세, 통신비 정도를 빼면 나머지가 수익인 줄 아는 사람들이 많다. 여기에서 종합소득세, 부가세, 퇴직금, 갑근세, 주민세 등의 세금을 빼고 보험료, 경비, 방역비, 세무기장료, 카드 수수료, 하수처리비 등등을 빼야 한다. 거기서 끝이 아니다. 가게마다 추가로 나가는 돈들, 가령 매년 발생하는 고장에 대한 수리비, 새 장비 구입비, 시간에 대한 비용인 감가상각까지 모두 계산에 넣고 수익률을 계산할 수 있어야 한다. 또한 본인이 매장에서 일할 경우 내 월급은 어떻게 생각할 것인지도 명확하게 결정해놔야 나중에 허탈한 일을 당하지 않는다.

프랜차이즈가 가맹점을 모집할 때 이런 내역들을 꼼꼼하게 알려주지 않는다. 이런 단어들이 모두 고통의 단어들이기 때문이다. 그러니 본사에 설명을 요구해야 한다. 하루, 한 달, 1년 기준으로 지출되는 모든 돈들의 내역을 꼼꼼히 알고 있어야 한다. 미리 알고 준비하면 지출되는 돈을 대폭 줄일 수 있다.

사업을 처음 하는 사람들이 흔히 저지르는 실수가 있다. 첫 달 영업이 끝나고 바로 수익률을 계산해본다. 그다음 어떻게 하면 수익을 더 낼 수 있나 연구하게 된다. 이때 실수하는 부분이 질 낮은 원재료를 쓰고 싶다는 충동에 사로잡히는 것이다. 똑같은 고춧가루처럼 보이는데 가격 차이가 많이 난다. 그래서 등급 낮은 고춧가루로 바꾼다. 똑같은 밀가루인데 가격이 천자만별이다. 무조건 제일 싼 밀가루로 바꾼다. '먹을 때 아무도 모르는데 어때? 바꿔.' 이런 방향으로 흘러가는 게 전형적인 악순환이다.

더 많이 남기려 하지 마라. 매출을 높일 생각을 하라. 매출을 높이려면 좋은 재료로 음식을 만들어야 한다. 이건 당연한 논리다. 한 달만 하고 접을 사람처럼 계산하지 마라. 길게 볼 수 있어야 한다.

20퍼센트 남기면 된다. 스스로 선택하라. 15~23퍼센트 사이에서 본인만의 수익률을 결정하라. 수익률이야말로 나만의 철학인 것이다. 한번 정했으면 흔들리지 마라. 더 벌고 싶은 마음을 눌러라. 내 매장을 통해 사람들을 이롭게 하고 세상에 가치를 만드는 게 1순위다. 돈은 두 번째다. 진심으로 심장이 뒤집어져서 이런 마음을 가질 수 있다면 돈은 저절로 벌어진다.

마지막으로 수익률의 비밀을 알려주겠다. 20퍼센트 남기려 하면 40퍼센트가 남고 40퍼센트 남기려 하면 망하는 게 장사의 원리다. 이 원리를 깨닫는다면 당신은 장사의 신이다. 읽고 생각하라.

5. 어떤 아이템을 선정할 것인가?

트렌드를 알아야 한다. 트렌드를 사전에서 찾아보면 이렇게 정의되어 있다.

트렌드 : 사상이나 행동 또는 어떤 현상에서 나타나는 일정한 방향

그렇다. 방향이다. 책을 읽으면 인간이 그려나갈 방향을 알 수 있다. 2023년 10월 현 시점에서는 《펠로폰네소스 전쟁사》, 《페스트》 같은 책들을 읽으면 앞으로 세상이 그려나갈 방향을 아는 데 도움이 된다.

방향을 알면 사람들이 좋아하고 구매하고 싶어 하는 상품을 만들어 팔 수 있다. 그래서 아이템을 선정하기 위해서는 트렌드를 읽는 힘을 스스로 길러야 한다. 다른 사람에게 묻지 마라. 자기만의 직관으로 세상을 분석하고 판단하고 결정해야 한다. 남 얘기에 귀 기울이면 비슷비슷하고 그저 그런 상품만 만들게 될 뿐이다.

스스로 안목을 키워 고객들이 열광할 수 있는 상품을 만들어라. 독서를 통해 세상을 읽는 훈련을 하면 누구나 트렌드를 읽을 수 있다. 어느 순간부터 저절로 보이게 된다. 똑같은 뉴스를 봐도 남들이 읽어내지 못하는 미래를 나는 읽을 수 있다. 저절로 떠오른다. 그리고 그런 자신이 신기하게 느껴진다. 이런 감동을 체험하라. 난 안된다고 생각

하지 마라. 서두르지 않고 꾸준히 책을 읽어나가면 저절로 세상이 읽어진다.

트렌드를 읽어야 하는 또 다른 이유는 내 상품이 유행을 타면 큰일이기 때문이다. 전 재산을 투자해 사업을 시작했는데 1~2년 후에 사람들의 머릿속에서 사라진다면 끔찍하다. 꾸준히 사랑받을 수 있는, 아니, 세월이 흐를수록 오히려 사람들이 더 열광하는 상품을 만들어라. 만들 수 있다. 충분히 읽고 내다보고 연구하고 사색하면 창의적인 아이디어가 떠오른다. 걱정하지 마라. 그저 책만 읽으면 이 모든 것을 알게 된다. 끌려가지 않고 트렌드를 이끄는 사람! 바로 책 읽는 사람이다.

6. 어느 상권에 들어갈 것인가?

상권을 분석하려면 '공간'과 '시간'을 정복해야 한다. 공간에 대한 감각을 기르려면 일단 유현준 교수님의 책들을 읽어라. 공간을 읽어내고 공간을 지배하는 방법을 배울 수 있다. 공간의 속도, 공간의 크기, 공간의 밀도 등을 느낄 수 있어야 한다. 유현준 교수님의 책을 읽다 보면 이런 세포들이 살아난다.

공간에 대한 세포가 살아나면 본능적으로 알게 된다. 이 공간에 사람들이 얼마나 모여드는지, 그 사람들은 어떤 상품들을 구매하고 어디로 흘러가는지. 이런 감각으로 본인 매장의 상권을 분석하라.

시간에 대한 감각을 기르려면 역사책을 읽어야 한다. 시간의 기록이 역사다. 인간의 본성은 변하지 않는다. 그래서 빅데이터가 존재한다. 역사는 반복된다. 인간의 역사, 과학의 역사, 지구의 역사 등의 책을 읽으면 시간을 읽을 수 있다. 내 매장에 어떤 시간대에 사람들이 몰려오는지, 구매는 언제 폭발적으로 일어나는지, 매장이 자리 잡는 데 얼마나 걸리는지, 언제까지 내 매장이 지속될 것인지 등 모든 시간에 대한 감각을 얻게 된다.

결국 독서를 통해 공간과 시간에 대한 촉을 키워야 한다. 이런 촉은 경험을 통해서도 생기지만 여기에 독서가 동반되면 훨씬 빠르고 강력하게 내 몸에서 솟아난다.

7. 어떻게 시스템을 갖출 것인가?

시스템에서 가장 중요한 것은 '기계'와 '사람'이다. 기계가 있어야 할 자리와 사람이 있어야 할 자리를 정확하게 구분하라. 이제 요식업은 인건비와의 싸움이다. 그렇다고 모든 부분을 기계로 대체할 순 없다. 반드시 사람이 있어야 할 자리가 있다. 필요한 자리에 필요한 사람을 두는 것이 시스템의 기본이다.

그렇다면 직원 관리는 어떻게 할 것인가? 직원 관리의 핵심은 솔직하게 '돈'이다. 이것도 감각이다. 더 줘야 할 때와 덜 줘야 할 때, 꼭 줘야 할 때와 주지 않아도 되는 때를 알 수 있는 감각을 키워야 한다. 예를 들어 명절에는 보너스를 줘야 한다. 누가 뭐래도 줘야 한다. 이때 이왕이면 현금으로 지급하라. 물론 상품권이나 선물세트로 하면 세금 혜택을 받을 수 있다. 하지만 현금 보너스를 지급했을 때 직원들이 좋아하는 느낌을 돈으로 환산해보면 세금 혜택과는 비교도 되지 않을 만큼 크다. 당신에게도 당연히 이익이다. 그렇다면 얼마를 줄 것인가? 이것 역시 감각이다.

'이 정도면 좀 적은 느낌인데'라는 생각이 들면 보너스를 주고도 욕먹는다. 스스로 적당함을 알 것이다. 거기서 1만 원을 더 지급하라. 적정 금액이 10만 원이라는 생각이 든다면 11만 원을 지급하라. 다른 식당에서 대부분 10만 원을 지급한다면 11만 원을 주라. 1만 원을 최대한 가치 있게 쓰는 것이다. 11만 원을 봉투에 넣는 게 이상하다고? 그렇지 않다. 오히려 당신은 멋진 사장님으로 인식된다.

사람 관리에는 조금 더 주는 것이 중요하다. 모든 곳에 통용되는 공통된 숫자들이 있다. 누구나 알 수 있는 숫자다. 그보다 조금만 더 주면 된다. 복잡하게 생각하지 말고 조금만 더 지급하라.

덧붙여, 꼭 알아야 할 한 가지가 더 있다. 바로 세금이다. 세금과 관련해서는《이 책은 돈 버는 법에 관한 이야기》부록편에 꼼꼼하게 정리해두었다. 최소한 이것만큼은 알아야 한다. 버는 것도 중요하지만 절세도 그에 못지않게 중요하다. 아는 만큼 절약할 수 있다.

참고한 책들

《1만 권 독서법》, 인나미 아쓰시, 위즈덤하우스

《구글처럼 생각하라》, 이승윤, 넥서스BIZ

《기브앤테이크》, 애덤 그랜트, 생각연구소

《나는 누구인가》, 고미숙 외, 21세기북스

《나는 봉천동에 산다》, 조경란, 아시아

《나중에 온 이 사람에게도》, 존 러스킨, 열린책들

《누구나 글을 잘 쓸 수 있다》, 로버타 진 브라이언트, 예담

《더 딥》, 세스 고딘, 재인

《독특함에 미쳐라》, 김병완, 휴먼앤북스

《디테일의 힘》, 왕중추, 올림

《디테일의 힘 2》, 왕중추, 올림

《레 미제라블》, 빅토르 위고, 민음사

《린치핀》, 세스 고딘, 21세기북스

《무경계》, 켄 윌버, 정신세계사

《무조건 성공하는 작은 식당》, 백종원, 서울문화사

《배짱으로 삽시다》, 이시형, 풀잎

《보랏빛 소가 온다》, 세스 고딘, 재인

《블링크》, 말콤 글래드웰, 21세기북스

《삼국지》, 나관중, 민음사

《생존 매뉴얼 365》, 김학영·지영환, 모아북스

《손자병법》, 손자, 휴머니스트

《스스로 행복한 사람》, 랠프 월도 에머슨, 끌레마

《실행이 답이다》, 이민규, 더난출판사
《아름다운 마무리》, 법정, 문학의숲
《에디톨로지》, 김정운, 21세기북스
《에밀》, 장 자크 루소, 책세상
《오리지널스》, 애덤 그랜트, 한국경제신문사
《왜 팔리는가》, 조현준, 아템포
《월든》, 헨리 데이비드 소로, 은행나무
《유배지에서 보낸 정약용 편지》, 정약용·강정규, 영림카디널
《이제는 작은 것이 큰 것이다》, 세스 고딘, 재인
《이카루스 이야기》, 세스 고딘, 한국경제신문사
《인간이 그리는 무늬》, 최진석, 소나무
《인문학으로 광고하다》, 박웅현·강창래, 알마
《인생이란 무엇인가》, 레프 톨스토이, 동서문화사
《조화로운 삶》, 헬렌 니어링·스콧 니어링, 보리
《죄와 벌》, 도스토옙스키, 민음사
《지의 편집》, 마쓰오카 세이고, 지식의숲
《지적자본론》, 마스다 무네아키, 민음사
《짚 한 오라기의 혁명》, 후쿠오카 마사노부, 녹색평론사
《차라투스트라는 이렇게 말했다》, 프리드리히 니체, 열린책들
《파는 것이 인간이다》, 다니엘 핑크, 청림출판
《팡세》, 블레이즈 파스칼, 민음사
《호밀밭의 파수꾼》, 제롬 데이비드 샐린저, 민음사
《혼창통》, 이지훈, 쌤앤파커스

책 읽고 매출의 신이 되다

초판 1쇄 발행 2017년 10월 20일
개정증보판 1쇄 발행 2023년 12월 6일

지은이 고명환
펴낸이 최지연
마케팅 김나영, 김경민, 윤여준
경영지원 이선
디자인 표지 [★]규, 본문 수오
교정교열 윤정숙

펴낸곳 라곰
출판신고 2018년 7월 11일 제 2018-000068호
주소 서울시 마포구 큰우물로 75 성지빌딩 1406호
전화 02-6949-6014 **팩스** 02-6919-9058
이메일 book@lagombook.co.kr

ISBN 979-11-89686-93-2 03320